일대일 제자양육 성경 공부

양육자 지침서

일대일 제자양육 성경 공부 양육자 지침서

편집 · 온누리 일대일 양육 사역팀
초판 발행 · 2002. 9. 25
개정 2판 1쇄 · 2022. 7. 27
개정 2판 6쇄 · 2024. 7. 26
등록번호 · 제1988-000080호
등록된 곳 · 서울특별시 용산구 서빙고로65길 38
발행처 · 사단법인 두란노서원
영업부 · 2078-3333 FAX 080-749-3705
출판부 · 2078-3331

책 값은 뒤표지에 있습니다.
ISBN 978-89-531-4274-9 03230

독자의 의견을 기다립니다.
tpress@duranno.com   http://www.duranno.com

두란노서원은 바울 사도가 3차 전도여행 때 에베소에서 성령 받은 제자들을 따로 세워 하나님의 말씀으로 양육하던 장소입니다. 사도행전 19장 8-20절의 정신에 따라 첫째 목회자를 돕는 사역과 평신도를 훈련시키는 사역, 둘째 세계선교(TIM)와 문서선교(단행본·잡지) 사역, 셋째 예수문화 및 경배와 찬양 사역, 그리고 가정·상담 사역 등을 감당하고 있습니다. 1980년 12월 22일에 창립된 두란노서원은 주님 오실 때까지 이 사역들을 계속할 것입니다.

일대일 제자양육 성경 공부

양육자 지침서

두란노

차례

"일대일 사역은 축복의 통로입니다"

창립 때부터 우리 교회에서 일대일 사역을 하게 해 주신 하나님께 감사와 영광을 돌려 드립니다. 아직까지 한국 교회에서 일대일 사역을 하는 교회는 많지 않은 것으로 알고 있습니다. 우리 교회는 그동안 일대일 사역을 하면서 하나님의 많은 축복을 경험했습니다. 선교 단체만의 전유물로 생각하던 일대일 사역이 교회 안에서도 가능하다는 것을 보게 되었습니다. 아니, 일대일 사역은 오늘날 교회에 꼭 필요한 사역인 것을 알게 되었습니다. 일대일의 만남을 통한 하나님 말씀의 나눔과 신앙의 나눔은 이제 한국 교회를 대표하는 중요한 성인 교육 프로그램으로 자리 잡게 된 것입니다.

그런데 그동안 사용해 왔던 일대일 성경 공부의 지침서 개정이 필요하다는 의견이 나왔습니다. 가르치는 내용의 최소한의 통일성과 내용에 대한 보충 설명들이 필요했고, 일대일 사역의 원리와 방법론에 대한 정리가 필요했기 때문입니다. 이번에 한국 교회 일대일 제자 양육 사역의 오랜 숙원이었던 지침서를 이렇게 수정, 발간하게 된 것을 무척 기쁘게 생각합니다. 물론 이것도 완전한 책이라고 보지는 않습니다. 그러나 그동안 축적되어 온 경험과 내용들이 어느 정도 집대성된 것이라 말할 수 있습니다.

앞으로 이 사역에 참여하는 성도님들이 이 지침서를 유용하게 사용하시고, 부족한 부분들을 지적하시고, 더 좋은 내용들을 제안해 주셔서 더욱 개선된 지침서가 나올 수 있기를 바랍니다.

그동안 이 지침서 발간을 위하여 수고하신 모든 분에게 주님이 위로와 새 힘을 주시기 바라며, 계속해서 한국 교회 안에서 일대일 제자양육 사역이 더욱 발전하기를 기대합니다.

온누리교회 하용조

1. 일대일 제자양육이란 무엇인가?

일대일 제자양육이란 단순한 성경 공부가 아니라 양육자와 동반자가 일대일로 만나 하나님의 말씀을 매개로 서로의 삶을 나누며 성도의 관계를 맺어 가는 것이다. 이렇게 하여 동반자가 영적으로 성장하도록 도와주는 것이다.

2. 왜 일대일 제자양육을 하는가?

1) 성경이 일대일 제자양육을 권하고 있다.

구약 성경을 보면 하나님은 아브라함을 일대일로 찾아오셨다. 모세와 여호수아, 다윗과 요나단, 엘리야와 엘리사가 일대일로 만났으며, 이외에도 일대일 만남과 이를 통해 일어난 중요한 역사들을 수없이 찾아볼 수 있다. 신약 성경을 보면 예수님도 삭개오나 세리 마태와 일대일로 만나셨고, 죄지은 여인과 사마리아 여인을 일대일로 대면하셨다. 사도 바울도 일대일로 양육을 받고 실라, 디모데, 오네시모를 일대일로 양육했다. 다음 성경 말씀들은 일대일 제자양육이 성경적인 방법임을 단적으로 말해 주고 있다.

> "그리스도 안에서 일만 스승이 있으되 아버지는 많지 아니하니 그리스도 예수 안에서 내가 복음으로써 너희를 낳았음이라"(고전 4:15).
> "너희도 아는 바와 같이 우리가 너희 각 사람에게 아버지가 자기 자녀에게 하듯 권면하고 위로하고 경계하노니"(살전 2:11).
> "그러므로 여러분이 일깨어 내가 삼 년이나 밤낮 쉬지 않고 눈물로 각 사람을 훈계하던 것을 기억하라"(행 20:31).
> "우리가 그를 전파하여 각 사람을 권하고 모든 지혜로 각 사람을 가르침은 각 사람을 그리스도 안에서 완전한 자로 세우려 함이니 이를 위하여 나도 내 속에서 능력으로 역사하시는 이의 역사를 따라 힘을 다하여 수고하노라"(골 1:28-29).

2) 일대일로 하면 집중과 전달이 잘된다.

일대일로 얼굴과 얼굴을 맞대고 하므로 집중이 잘될 수밖에 없다. 상대방이 나의 이야기를 듣고 있는지, 혹 다른 생각을 하고 있는지를 금방 알 수 있다. 집중이 잘되면 전달도 확실해진다. 만일 이해가 제대로 되지 않으면 언제든지 다시 질문할 수 있고, 또 상대방이 잘 이해하고 있는지, 제대로 전달이 되었는지를 쉽게 파악할 수 있다. 이 점이 강의식이나 소그룹 성경 공부와 현저히 다른 점이다.

3) 일대일로 하면 인격 간의 만남이 가능하고, 양육의 열매가 확실하다.

설교나 강의처럼 일 대 다수로 만나게 될 경우, 지적으로는 유익한 점이 많으나 인격적인 만남이 이루어지기는 힘들다. 그러나 일대일로 만나면 얼굴과 얼굴을 마주 보게 되므로 마음과 마음의 교통이 이루어지기가 훨씬 쉽다. 이러한 인격 간의 참된 만남 속에서 사람들은 가장 확실하게 영향을 받고 변화된다.

4) 일대일에서는 공동체에서 숨겨질 수 있는 개인의 문제들이 드러난다.

이것은 일대일 제자양육의 어려운 점이기도 하지만, 또한 강점이기도 하다. 현대 사회는 모든 것이 보장되고 넉넉한 것 같지만, 사람들은 의외로 심각한 고독과 공허를 느끼며 살아간다. 더욱이 교회 안에서의 만남조차도 피상적인 교제로 그치고 말 때가 많다. 이런 현상은 큰 교회일수록 더욱 심하다고 할 수 있다. 평소에는 자기 주위에 많은 사람이 있는 듯하나, 정작 도움이 필요한 어려운 경우에 처했을 때 주위에 아무도 없음을 발견하기 일쑤다. 교역자는 바빠서 만나기가 매우 어려운 실정이다.

그런데 일대일 만남과 교제는 이러한 피상적인 교제가 줄 수 없는 마음과 마음의 만남을 가능하게 한다. 자기 주위에 누군가가 있는 것이다. 바로 양육자다. 자기 주위에 자기를 이해해 주고 함께해 줄 수 있는 사람이 있다는 생각은 교회 전체적으로 푸근하고 가정적인 분위기를 자아낸다. 그렇기에 큰 교회일수록 일대일 제자양육은 더욱 필요하다.

하지만 일대일에는 대가가 요구된다. 시간이라는 대가, 개인의 자유와 사생활이 침해될지도 모른다는 대가 등이다. 그러나 그 대가를 지불하는 사람에게는 놀라운 보상이 분명히 따르는데, 그 보상은 그리스도 중심의 삶이다.

5) 일대일 제자양육은 양육자로 하여금 계속적인 성장을 하게 한다.

양육자로 섬기면 양의 위치에서 한 걸음 더 나아가 목자의 심정과 자세를 갖게 된다. 받아먹는 양의 위치에만 있으면 양의 심정과 자세에서 벗어나기 힘들다. 그러나 양육자가 되어 동반자를 섬기는 위치에 서게 되면 목자의 심정을 알게 되고 자기도 그 심정을 품게 된다. 이것은 그리스도의 장성한 분량이 충만한 데 이르기까지 성숙할 수 있는 귀한 기회를 얻는 일이다. 일대일 제자양육은 이처럼 평신도 사역자를 길러 내는 중요한 양육 방법이다.

6) 일대일 제자양육의 목적

일대일 제자양육의 목적은 이름뿐인 형식적 그리스도인이 아니라 신앙과 삶이 일치하는 참된 그리스도인을 길러 내는 데 있으며, 자기중심의 그리스도인이 아니라 그리스도 중심의 그리스도인으로 세우는 데 있다.

3. 일대일 제자양육은 어떻게 하는가?

양육의 열쇠는 주님께 있다. 주님이 나를 통하여 또 다른 하나님의 자녀를 도우시는 것이다. 그러므로 항상 주님을 신뢰하는 마음으로 해야 한다. 바울은 자신은 말씀의 씨를 뿌리고 아볼로는 물을 주었으나, 자라게 하시는 분은 오직 하나님이라고 밝히 말했다. 또 하나의 열쇠는 사랑이다. 서로 사랑하는 마음이 없으면 양육은 무미건조해지고 만다. 사랑은 서로의 마음을 이어 주는 끈으로, 사랑으로 마음과 마음이 하나로 이어질 때 서로의 삶을 진솔하게 나눌 수 있다. 이렇게 될 때 일대일 제자양육은 소기의 목표를 달성할 수 있다.

[일대일 제자양육의 일반적 지침]

이제 '일대일 제자양육의 일반적 지침'과 '일대일 제자양육을 위한 실제적인 제안'을 차례로 소개하고자 합니다. 이 지침과 제안들은 한 번 읽어 보는 데 그쳐서는 안 됩니다. 마치 날마다 자신의 얼굴을 거울로 들여다보듯이, 일대일 제자양육을 하러 갈 때마다 이 내용을 늘 숙지하여 항상 적용할 수 있도록 해야 최선의 결과를 얻을 수 있습니다.

1) 일대일 개인 교제를 위하여 항상 준비를 잘하도록 하십시오.

한 주에 한 번 만나는 것으로는 두 사람의 관계가 서먹서먹할 뿐입니다. 이러한 상태에서는 진정한 나눔이 어렵습니다. 그렇다고 예수님처럼 제자들과 함께 생활할 수도 없는 것이 우리의 현실입니다. 이를 극복하는 방법은 동반자를 위해서 주중에 늘 기도하는 것입니다. 이렇게 할 때 주 안에서 서로 영적인 교통을 하게 되고, 실제로 만났을 때 늘 함께 있었던 것 같은 친밀한 감정이 들게 됩니다. 이런 가운데서 만나야 진정한 교제와 나눔이 가능합니다. 기도의 준비는 마음의 준비임을 명심하십시오.

2) 동반자의 마음을 얻는 데 목표를 두십시오.

일대일 제자양육의 목적은 지식 전달이 아닙니다. 동반자의 속사람이 변화되는 것이 목적입니다. 그러므로 그의 마음을 목표로 삼아야 합니다. 동반자를 만나기 전에 "주님, 그의 마음을 제게 주십시오" 하고 기도하십시오. 잠언 27장 19절은 "물에 비치면 얼굴이 서로 같은 것같이 사람의 마음도 서로 비치느니라"라고 말합니다. 양육자가 먼저 동반자에게 마음을 여십시오. 그러면 동반자도 그의 마음을 열게 됩니다.

3) 교제 장소를 동반자 우선으로 맞추는 것이 좋습니다.

어수선한 분위기나 쫓기는 상황에서는 마음을 서로 나눌 수 없습니다. 차 한 잔 같이 마실 수 있는 아늑한 분위기가 좋습니다. 그래서 처음에는 동반자의 집에서 하다가 점차로 양육자의 집으로 바꾸어 가면서 하는 것이 바람직합니다.

4) 당신이 경험한 이상으로 동반자를 이끌 수 없다는 것을 기억하십시오.

당신 자신도 실제로 경험해 보지 않아서 대략적으로 아는 것을 동반자에게 가르치고 훈련시킬 수는 없습니다. 그러므로 양육자는 부단히 은혜를 사모하고 훈련을 게을리해서는 안 될 것입니다. 다만 자신의 부족함을 인해서 낙심할 필요는 없습니다. 왜냐하면 주님은 다른 사람을 통해서 동반자를 기르시기 때문입니다.

5) 당신의 삶으로 본을 보이면서 양육하십시오.

바울은 빌립보서 4장 9절에서 "너희는 내게 배우고 받고 듣고 본 바를 행하라 그리하면 평강의 하나님이 너희와 함께 계시리라"라고 말했습니다. 일대일 제자양육을 하려면 양육자 자신이 먼저 가르치고자 하는 내용대로 사는 사람이 되어야 합니다. 배우는 사람은 가르치는 사람의 말보다는 그의 행위와 삶을 더 빨리 따릅니다. 행함이 없이 뛰어난 지식만을 전하게 된다면 동반자는 양육자의 실력을 인정할 것입니다. 그러나 거기에 머무르고 말 뿐입니다. 동반자가 마음을 열고 삶을 나누며 배우는 것은 양육자의 삶을 통해서 배울 것이 있다고 느끼기 시작할 때부터임을 명심해야 합니다.

6) 아무것도 당연시하지 마십시오.

동반자와 일대일 교제를 처음 시작할 때 그에게 제시한 것은, 그것이 무엇이든지 간에, 점검하고 또 점검하십시오. 군대에는 '1%의 지시에 99%의 확인'이라는 말이 있습니다. '당연히 했겠지' 하고 그냥 넘어가서는 안 됩니다. 그의 말을 의심해서가 아닙니다. 사람은 연약하여 지시받은 것을 다 이행하지 못하는 경향이 있기 때문입니다. 점검하면 동반자가 훈련을 받는 데 있어서 더 잘 도울 수 있습니다. 부단히 점검해 나가면 동반자의 성경 말씀을 읽는 습관과 말씀을 듣는 태도가 바로잡히게 됩니다.

7) 모든 것을 반복하십시오.

반복이 최상의 학습 방법입니다. 되풀이하는 것에 대하여 미안해하지 말고 반복하여 가르치십시오. 한 번 가르쳤다고 해서 동반자가 다 알고 있으리라는 생각은 큰 오산입니다. 다른 과에 비슷한 내용이 있을 때 반복해서 가르치는 것을 주저하지 마십시오. 이것이 배움의 열쇠입니다.

8) 가능한 한 동반자를 자주 만나십시오.

양육자와 동반자가 자주 만날수록 좋습니다. 전도를 하거나 봉사를 할 때 같이 다니십시오. 예수님도 그렇게 하셨습니다.

"이에 열둘을 세우셨으니 이는 자기와 함께 있게 하시고 또 보내사 전도도 하며"(막 3:14).

현실적인 여건 때문에 늘 만날 수는 없지만, 만날 기회만 생기면 초청을 한다든지 연극을 같이 보러 간다든지 하십시오. 주중에 갖는 이러한 사적인 만남이 오히려 관계를 더욱 친밀하게 해 줍니다. 특히 전화 심방과 핸드폰 문자 보내기를 활용하십시오. 월요일에는 주일을 어떻게 지냈는지 알아보고, 약속한 날 전날에는 그간 어떻게 지냈는지 안부를 물어볼 수 있습니다. 이러한 친밀한 관계 안에서 일대일 제자양육은 더욱 진가를 발휘합니다.

9) 당신의 삶 전체를 동반자와 함께 나누십시오.

당신의 장점뿐만 아니라 약점도 같이 나누십시오. 양육이 전부 끝난 후에 동반자가 양육자의 약점을 알게 되면 양육자에게 실망하게 되고, 그간의 교제와 양육이 무산될 위험마저 있습니다. 그러나 양육하면서 양육자 자신의 약점을 겸손히 나누면 동반자는 오히려 양육자와 일체감을 느낄 수 있으며, 양육자를 더욱 신뢰할 수 있습니다.

[일대일 제자양육을 위한 실제적인 제안]

1) 양육자는 동반자가 주님과 교제할 수 있도록 중간 역할을 잘 감당해야 합니다.

일대일 제자양육의 목표는 동반자가 주님 앞에 바르게 서도록 하는 데 있으므로 동반자가 주님과 교제하는 것이 중요합니다. 그런데 양육을 하다 보면 동반자가 양육자에게 매이기 쉽습니다. 이런 모습이 보일 때마다 주님이 두 사람과 함께 교제하고 계심을 알려 주십시오. 그리고 양육자 자신은 주님의 도구에 불과하며, 동반자가 주님 앞에 스스로 서는 것이 중요함을 깨우쳐 주십시오. 양육자는 자신의 위치와 역할이 중매자임을 늘 염두에 두고, 동반자가 주님 앞에 서서 그분의 음성을 듣고 그분 앞에서 삶을 결단할 수 있도록 도와야 합니다.

2) 동반자 양육이 하나님이 내게 주신 중요한 기회임을 알고 최선을 다하십시오.

사람들은 세상일을 위해서도 최선의 노력을 합니다. 그런데 무엇보다도 중요한 것은 한 생명을 구원하고 얻는 일입니다. 하나님이 양육자에게 하나님의 택한 자녀를 양육하도록 위탁하신 것임을 명심하십시오. 동반자는 저절로 자라는 것이 아닙니다. 그의 영적 성숙을 위해서 잉태하는 수고와 해산의 고통을 감내할 각오가 필요합니다. 하나님이 양육자에게 천국 사업을 할 수 있는 기회를 주신 것입니다. 기회는 계속 있는 것이 아닙니다. 지혜로운 사람은 그 기회를 놓치지 않으며, 마치 마지막 기회인 양 최선을 다합니다. 그리고 천국에 보물을 쌓아둡니다.

3) 동반자와 만날 때 항상 따뜻한 미소와 악수로 맞으십시오.

동반자로 하여금 환영받고 있다는 것을 느끼게 하십시오. 사랑의 관계는 작은 일에서부터 시작됩니다. 특히 동반자의 경조사를 기억하는 것은 중요합니다. 동반자는 이러한 것을 통해서 양육자의 사랑을 확인합니다. 동반자가 양육자의 사랑을 확신하게 되면 마음과 마음이 열려 깊은 나눔이 가능하게 됩니다.

4) 항상 시간을 잘 지키십시오.

"모든 것을 품위 있게 하고 질서 있게 하라"(고전 14:40). 약속한 시간에 시작하고, 약속한 시간에 마치십시오. 지킬 수 없을 때는 반드시 연락을 취하며, 나중에 사과하십시오. 시간을 잘 지키는 것은 당신이 지도력을 갖게 되는 첫걸음입니다.

5) 동반자의 관심을 말씀 외에 다른 어떤 것에도 빼앗기지 않도록 주의하십시오.

말씀 외에는 어떤 것도 동반자의 관심을 유도하는 것이어서는 안 됩니다. 지나치게 화려한 화장이나 장신구 등은 동반자의 주의를 다른 곳으로 쏠리게 할 수 있습니다. 교제 장소도 잘 정돈되어 있어 안락한 분위기를 느끼게 해야 하며 어수선한 느낌을 주어서는 안 됩니다. 나란히 앉기보다는 서로 눈을 마주 쳐다보십시오. 동반자의 눈동자를 쳐다보는 것은 매우 중요합니다.

6) 먼저 잠시 격식 없이 이야기를 나누십시오.

동반자가 지난 일주일 동안 학교 혹은 직장, 가정, 기타 생활에서 일어난 일들에 대하여 자연스럽게 이야기하게 하십시오. 그리고 그의 말을 경청하십시오. 당신만 이야기해서는 안 됩니다. 적어도 잠시 동안 그로 하여금 몇 가지 정도를 이야기하게 하십시오. "내 사랑하는 형제들아 너희가 알지니 사람마다 듣기는 속히 하고 말하기는 더디 하며 성내기도 더디 하라"(약 1:19). 하나님은 우리에게 한 개의 입과 두 개의 귀를 주셨습니다. 그러므로 우리는 말하는 것보다 두 배만큼 더 들어야 합니다. 사람들은 누구나 자기의 말을 들어 주는 사람을 찾습니다. 동반자에게 양육자는 나의 말을 들어 주는 사람이라는 인식을 심어 줘야 합니다. 이러한 관계에서 나눔은 더욱 깊어질 수 있습니다.

7) 교재 활용 방법

① 한 번에 교재의 모든 내용을 가르치지 마십시오. 한 과씩 하십시오. 한 과를 한 번에 하기 어려우면 나누어서 하십시오. 그리고 지식 전달에 급급하지 말고, 일대일 제자양육의 정신을 살려서 말씀을 가지고 서로의 삶을 나누는 데 힘쓰길 바랍니다.

② 교재의 내용이나 진도에 너무 집착하지 마십시오. 각 과의 핵심적인 내용을 양육자가 철저히 파악하고 소화한 후 자신의 말로 동반자와 나누십시오.

③ 동반자가 구원의 확신이 분명하고 성경 이해 정도가 높을 경우, 교재에 집착해서 앞부분

에서 시간을 끌면 동반자가 지루해하고 곤란해할 수도 있습니다. 반면 구원의 확신이 없음에도 진도에 매여서 계속해 버리면 구원의 확신 없이 말씀을 나누게 되거나, 때로는 구원의 확신 없이 끝날 수도 있습니다. 구원의 확신이 없는 경우에는 다른 과를 나눌 때도 동반자가 예수님을 영접하는 데 초점을 맞추도록 하십시오.

④ 동반자가 두 명 이상일 경우, 구원의 확신이 있는 사람과 없는 사람이 같이 양육받을 수도 있습니다. 이때는 확신이 없는 사람을 중심으로 진행하십시오. 확신이 있는 사람은 자신을 돌아보는 기회를 얻게 되고, 더 나아가 동역자의 마음으로 다른 사람이 확신을 갖도록 도울 수 있게 됩니다.

⑤ 인내심을 가지고 동반자의 영적인 요구와 문제에 귀를 기울이십시오. 동반자가 엉뚱한 질문을 던지는 등의 태도를 보이며 마음을 열지 않고 있는 것이 느껴질 때가 있습니다. 이것은 그에게 신앙적인 의문이나 생활의 의문, 또는 여러 가지 상처가 있기 때문이므로, 양육자는 먼저 동반자의 이런 영적 욕구를 충족시켜 그의 막힌 것을 터 주는 일을 해야 합니다. 그리하면 그가 마음을 열고 말씀의 교제에 진지한 자세를 갖게 될 것입니다. 양육자가 자신의 힘으로 동반자의 영적 욕구를 해결해 주기 어려우면 교역자의 도움을 받도록 하십시오.

⑥ 동반자의 영적 상태에 따른 구체적인 접근이 필요합니다. 동반자가 믿지 않고 있는 경우, 초신자인 경우, 교회에서 이미 어느 정도 훈련까지 받은 경우, 그리고 상처를 받은 경우, 타 교회에서 시험에 들어서 온 경우, 음주와 흡연 등 특정한 습관이 있는 경우 등을 고려해서 적절하게 대처하는 지혜가 필요합니다.

⑦ 교재 내용을 예습하게 하되, 정답을 요구하는 것이 아니라 말씀을 가지고 씨름을 하고 오라는 것임을 말해 주십시오. 과제로 인해 부담을 느끼게 하지 말고 기쁨으로 준비할 수 있도록 해 주십시오. 과제를 해 오면 기회가 있을 때마다 격려해 주십시오.

⑧ 시작할 때의 기도는 동반자의 영적 상태에 따라 그에게 부담을 주지 않도록 간단하게 하는 것이 좋습니다. 반면에 마칠 때의 기도는 서로 나누면서 알게 된 동반자의 영적 상태를 하나님께 아뢸 수 있기 때문에 동반자의 마음에 끼치는 영향이 큽니다. 그러므로 사랑의 마음을 가지고 구체적으로 간절히 기도하도록 하십시오(이때 동반자가 눈물을 흘리는 경우가 많습니다).

8) 동반자로 하여금 일대일 양육자로서의 비전을 품게 하십시오.
양육하는 동안 동반자가 일대일 양육자의 비전을 품을 수 있도록 수시로 양육의 기쁨과 중요성을 이야기해 주십시오. 본 교재의 과정을 마쳤을 때 동반자에게 다른 사람을 양육하도록 권면하십시오. 또한 끊임없는 자기 성숙을 위해 계속 교육을 받을 수 있도록 인도해 주십시오.

9) 《일대일 제자양육 성경 공부 양육자 지침서》 사용은?
마지막 과를 끝낼 때까지 동반자가 《일대일 제자양육 성경 공부 양육자 지침서》를 보지 말게 하십시오. 마지막 시간에 지침서를 주고 사용하는 방법을 소개해 주십시오.

10) 일대일 교제를 중단할 경우도 있습니다.
제자양육을 계속하고 싶어도 과제를 잘하지 못하고, 심지어 양육자가 수없이 권면해도 약속한 일대일 만남에 결석하는 사람은 훈련받을 수 있는 여건이 될 때 다시 시작하는 것이 좋습니다. 그래야 양육자도 자유롭게 다른 성실한 제자를 훈련시킬 수 있습니다.

11) 동반자의 매일의 훈련과 우선순위를 계속 점검하십시오.
　① 큐티: 한 주간의 큐티를 나누어 보십시오. 큐티 노트를 통한 점검도 좋습니다.
　② 성경 암송: 암송 구절들을 함께 복습하고, 새로 암송할 구절들을 함께 나누십시오.
　③ 주일 설교 기록: 일대일 교재의 설교 노트 칸에 요점만 간단히 적게 하십시오.
　④ 일대일 교재 예습: 필요한 성경 말씀을 미리 찾아 교재의 빈칸에 적게 하십시오.
　⑤ 키 그림을 수시로 서로 설명하십시오.

12) 일대일 제자양육의 비전을 동반자와 계속 나누십시오(마 28:19-20).
일대일 제자양육은 우선 우리 자신이 예수 그리스도의 제자가 되고, 또다시 다른 사람을 그리스도의 제자가 되게 하는 사역임을 자주 말함으로써, 동반자로 하여금 일대일 제자양육에 대한 비전을 갖도록 도우십시오. 이를 위해서는 양육자 자신이 먼저 신실한 제자가 되어야 한다는 것을 잊지 마십시오(디모데후서 2장 2절의 원리). 양육자가 일대일 제자양육을 통해서 자기 자신의 삶이 얼마나 풍요로워졌는지를 보여 주는 것이 바람직합니다.

13) 동반자와 교제한 것에 대해 하나님께 감사하고 그에게도 감사를 표현하십시오.
"구제를 좋아하는 자는 풍족하여질 것이요 남을 윤택하게 하는 자는 자기도 윤택하여지리라"(잠 11:25). 주님의 제자로 피차 윤택해지는 시간을 가지게 되었기 때문입니다. 양육자는 동반자와의 교제를 통해서 자신의 삶이 얼마나 변화되었는지, 그래서 동반자에게 얼마나 고마움을 느끼고 있는지를 표현하기 바랍니다. 그렇지 않으면 동반자는 양육자에게 신세를 졌다고 생각하고, 양육자는 동반자에게 무엇인가를 베풀었다는 의식이 은연중에 생기기 마련입니다.
　양육자는 동반자가 자기에게 매이는 것을 경계해야 합니다. 동반자가 주님을 향해서 나아가도록 돕는 자임을 기억해야 합니다. 끼리끼리 모이는 현상, 즉 파벌이 조성되지 않도록 주의해야 합니다.

14) 다음 만날 날을 기다리면서, 주님이 동반자를 보호해 주시기를 기도하십시오.
적어도 당신과 연결된 기간에는 당신이 그의 영적인 보호자임을 기억하십시오. 그리고 그의 영혼을 지켜 주시기를 주님께 기도하십시오.

15) 동반자를 자라게 하시는 분은 하나님이심을 기억하십시오(고전 3:6-7).
동반자가 자라는 것은 내가 아니라 하나님이 하시는 일임을 기억하십시오. 그리할 때 양육의 부담감으로부터 자유로워질 수 있습니다. 많은 경우, 이에 대한 깨달음이 부족해 양육을 주저하는 모습을 봅니다. 양육은 궁극적으로는 하나님의 은혜로 이루어지는 것입니다. 이 사실을 알고 양육한 사람은 양육의 모든 결과와 영광을 주님께 돌리게 됩니다.

4. 지역 교회의 일대일 제자양육 방법-'온누리교회'의 예
1) 단계별 과정
제1단계-일대일 연결 단계
먼저 준비된 양육자가 있어야 한다. 이러한 양육자는 초기에 목회자에 의해 길러진다. 그다음에 연결 단계가 온다. 연결 단계란 평신도 중에서 양육자로 인정된 사람에게 양육을 받고자 하는 또 다른 평신도를 연결시키는 작업이다. 선교 단체에서는 양육하려는 자가 동반자를 선발하지만, 교회에서는 그것이 어렵기 때문에 일대일 양육 사역팀 내의 일대일 연결부에서 이 일을 담당한다. 동반자의 기초적인 인적 사항을 참고로 하여 그에게 가장 적합한 양육자를 기도로 찾아 연결하는 것이다.

제2단계-동반자반 양육 단계
양육자와 동반자가 연결되면 이들이 서로 연락을 하고 만나 앞으로 같이 일대일 제자양육 성경 공부를 할 가장 적합한 시간을 정한다. 그리고 매주 1회씩 정해진 시간에 만나 도서출판 두란노에서 편집한《일대일 제자양육 성경 공부》교재를 가지고 공부한다.

제3단계-양육자반 훈련 단계
양육자에게 양육을 받은 동반자는 다시 다른 사람을 양육하기 위해 본교회 교역자나 평신도 사역자들이 인도하는 양육자반에서 교육을 받는다. 이 과정에서는 그동안 양육자와 공부한 교재를 가지고 다시 한 번 정리하며 반복해서 공부하고 보충 수업과 지도력에 관한 교육을 받게 된다.

제4단계-양육을 하는 단계

양육자반의 공부를 마치고 나면 교회에서 일대일 양육자로서의 자격을 부여하고 다른 사람을 양육할 수 있게 한다.

2) 일대일 제자양육을 통해 주신 축복

창립 때부터 온누리교회에서 일대일 제자양육을 한 결과는 일반 성도들에게 다른 사람을 가르칠 수 있다는 자신감을 심어 준 것이다. 그동안 성도들은 교회에서 항상 목회자의 설교나 가르침에만 의지해 왔으나, 이제는 성도들도 소정의 교육을 마치고 나면 다른 성도를 양육할 수 있게 된 것이다.

"가르치는 것은 곧 배우는 것이다"라는 말이 있듯이, 이러한 일대일 제자양육에 참여하는 성도들은 그것을 통하여 자신의 부족함을 발견하며, 자신의 성숙을 위하여 더욱 노력하게 되고, 교회 전체적으로는 성도들의 신앙 수준이 훨씬 높아지게 된다. 그동안 교회 안에서 수동적으로만 신앙생활 하던 성도들이 사역을 하게 됨으로써 교회 안의 인적 자원이 계발되고 활용될 수 있다. 또 한 가지 획기적인 사실은 일대일 제자양육을 통하여 교회에 결핍되기 쉬운 성도 상호 간의 횡적인 교제가 잘 이루어진 점이다.

특히 온누리교회는 14년 만에 2만 5천여 명의 성도로 급성장한 결과, 성도 상호 간의 사귐과 교제가 어려운 상황이었다. 그런데 일대일 제자양육을 통하여 새로 등록한 성도들이 기존 성도들과 연결되고, 평균 16주 이상 말씀의 교제를 가짐으로써 서로 친밀한 관계를 맺을 수 있었다. 그리하여 온누리교회라는 큰 몸 안에 수많은 지체가 비교적 잘 연결되어 있고, 대형 교회이지만 나름대로 교제권이 형성될 수 있었다.

5. 일대일 제자양육을 통하여 어떠한 열매들을 기대할 수 있을까?

일대일 제자양육은 '그리스도의 참된 제자들'을 세우는 것이다. 이것이 활발하게 이루어지면 교회 안에 성숙한 그리스도인들의 수가 기하급수적으로 늘어나며, 다른 사람을 말씀으로 섬겨야 하는 구역장이나 교사 등을 확보하는 데 크게 도움이 된다. 또한 일대일 제자양육은 일반 성도들에게 양육 훈련을 시킴으로써 '평신도의 사역자화'(엡 4:12)를 이룰 수 있다. 교회 안에서 양육의 기회를 제공해 줌으로써 그들의 영적인 욕구를 충족시킬 수 있다. 그리고 '교회 안의 잠자고 있는 성도들'을 일깨움으로써, 모든 민족을 제자로 삼으라는 주님의 지상 명령(마 28:18-20)을 더욱 효과적으로 따를 수 있게 된다.

일대일 제자양육은 특정한 교회나 선교 단체에서만 할 수 있는 것이 아니다. 어떤 교회에서나 실시할 수 있는 양육 방법이다. 다만 이를 위해서는 각 교회의 담임 목회자가 일대일 제자양육에 대한 깊은 이해와 실천 의지를 갖는 것이 필요하다.

[양육자가 양육자 가정에서 동반자를 만나 실제 양육하는 예]

1) 동반자를 맞이할 준비를 하십시오.
  ① 주변 정리를 하십시오.
  ② 옷차림을 단정하게 갖추십시오.
  ③ 기도하며 기다리십시오("동반자의 마음을 제게 주십시오"라는 기도).

2) 초인종 소리가 나면 따뜻한 미소와 악수로 반갑게 맞이하십시오.

3) 잠시 격의 없는 이야기를 나누십시오.
  ① 지난 한 주간 지내 온 일들을 나누십시오.
  ② 되도록 동반자에게 말할 기회를 주고 잘 들어 주십시오.

4) 기도로 말씀 교제를 시작하십시오.
  ① 간단히 기도하십시오.
  ② 이 만남을 하나님이 주관하시도록 기도하십시오.

5) 교재 내용을 연구할 때 주의할 점들
  ① 삽으로 퍼 넣으려 하지 마십시오. 한 숟가락씩 넣어 주는 자세로 하십시오. 동반자를 자라게 하시는 분은 하나님이심을 기억하십시오.
  ② 선생같이 가르치지 말고 친구처럼 나누십시오.
  ③ 예화나 간증을 많이 사용하십시오.
  ④ 권면할 때 추상적인 데 그치지 말고, 구체적인 실행 방법까지도 함께 나누십시오.
  ⑤ 동반자가 마음을 최대한 열도록 먼저 양육자가 자기의 연약함, 단점, 실패 등 삶의 모습을 보여 주십시오.
  ⑥ 동반자가 많이 이야기할 수 있도록 하고 잘 들어 주십시오.
  ⑦ 언어 사용에 있어서 양육자는 "~일 것 같아요" 등 확신 없는 용어는 사용하지 않는 것이 좋습니다. 분명하고 자신 있게 가르치십시오.
  ⑧ 약속된 시간에 마치십시오. 마치기 전에, 다음 과제와 만날 시간을 양육자도 적고 동반자도 적게 하십시오.
  ⑨ 함께 나누는 가운데 받은 은혜를 가지고 결단의 기도를 드리십시오. 기도 제목을 서로 나누고 서로를 위해 중보 기도를 간절히 하고 끝맺으십시오. 동반자에게 기도를 시키는 것을 잊지 마십시오. 이를 통해서 동반자가 얼마나 깨닫고 있는지 알 수 있습니다.

6) 함께 교제하게 된 것에 대해 하나님과 동반자에게 "오늘, 같이 교제하게 되어 감사해요. 저에게 정말 복된 시간이었어요" 하고 감사하는 마음을 표현하십시오. 동반자에게 격려가 됩니다.

7) 문밖까지 나가 웃는 얼굴로 악수하고 전송하십시오.

8) 집 안으로 들어와 하나님께 감사하는 기도를 드리십시오.

9) 다시 만날 때까지 동반자를 위해서 기도하십시오. 특별히 함께 나눈 말씀을 더욱 깊이 깨닫고 잘 실천할 수 있도록 기도하십시오.

10) 참고 도서를 추천하십시오.
   후안 카를로스 오르티즈, 《제자입니까》(두란노, 1999)
   데이빗 왓슨, 《제자도》(두란노, 2004)
   옥한흠, 《평신도를 깨운다》(국제제자훈련원, 2019)
   리로이 아임스, 《제자 삼는 사역의 기술》(네비게이토, 2016)
   이기훈, 《왜 일대일 제자양육인가》(두란노, 2020)

일대일 제자양육 성경 공부 교재 사용 방법

① 첫 시간에는 동반자를 만나 26쪽의 〈안녕하세요〉를 이용해서 서로를 소개하고 앞으로의 일대일 제자양육의 목적과 특징, 방향 등을 나누십시오.

② 시간 배정을 적절하게 하십시오. (전체 시간을 90분으로 할 경우)
   • 삶 나누기 및 큐티, 성구 암송 확인(15분)   • 도입(5분)   • 교재 내용 연구(60분)
   • 결단의 기도(10분)

③ 첫 시간 오리엔테이션을 가질 때 '선박의 키'에 담긴 내용을 가르치며, 매 과를 공부할 때마다 선박의 키를 이용해 공부의 중요성을 말해 주십시오.

④ 제3단원 "성장"을 함께 나누기 위해서는 먼저 동반자의 구원에 대한 확신이 필요합니다. 동반자가 이 확신을 가질 수 있을 때까지 함께 공부하면서 기도하십시오. 구원의 확신을 돕는 책을 소개하거나, 부흥회 참석을 권면하기도 하고, 간절한 중보 기도를 드리십시오.

⑤ 제2단원 "교제"를 제3단원의 세 번째 만남("하나님의 말씀-성경") 다음에 공부하기를 바랍니다. 다만 성경 지식이 상당한 경우에는 제1단원 "만남"을 마친 후 해도 무방합니다.

⑥ 개인적인 능력을 고려하면서 진행하십시오. 초신자의 경우는 지침서의 왼쪽에 있는 내용을 중심으로 교육하고, 어느 정도 훈련된 사람인 경우에는 오른쪽에 있는 적용을 위한 질문과 참고 등을 사용하여 나누십시오. 지침서 내용을 다 하려고 하면 시간이 너무 많이 걸립니다. 동반자의 영적 상황에 따라 적당한 질문을 선택하십시오. 시간 배분을 잘하여 한쪽으로 치우치지 않도록 주의하십시오. 다만 동반자의 중요한 문제가 드러났을 경우에는 시간을 충분히 할애해서 해결하고 넘어가는 것이 좋습니다.

⑦ 지침서를 이용하여 동반자에게 맞는 교안을 실제로 작성해 보는 것이 좋습니다.

⑧ 동반자를 만나 교제하기 시작할 때 찬양을 드리는 것이 좋습니다. 다만 형식적으로 할 필요는 없습니다(지침서의 각 과마다 '이 과의 진행' 부분에 선정해 놓은 찬송가 두 곡을 활용하십시오).

⑨ 시작할 때의 기도는 성령님의 인도를 위한 내용으로 간단히 마치십시오. 그러나 마칠 때의 기도는 동반자가 교제 중에 받은 은혜와 아직 해결되지 못한 일 등을 생각하면서 평소의 기도 제목을 가지고 충분한 시간을 내서 간절히 기도하는 것이 좋습니다.

만남: 예수 그리스도

■ 이 과의 진행

오리엔 테이션 (40분)	1. 동반자와 친숙해지십시오. 그가 언제 그리스도를 알게 되었는지 등에 관해서 서로 나누어 보십시오(동반자를 알기 위한 〈안녕하세요〉를 활용하십시오). 2. 일대일 제자양육의 목적을 설명해 주십시오.
교재 소개 (20분)	1. 그리스도가 다스리시는 그리스도 중심의 삶에 대해, 각 과의 소개 개념을 보여 주는 '선박의 키'를 그려 설명해 주십시오. 2. 첫 단원에 대해서 소개해 주십시오. 제1과: 예수님의 본성 제2과: 예수님의 구속 사역(과거의 사역) 제3과: 예수님의 부활 이후의 사역(현재의 사역) 제4과: 믿음의 결단
마무리 (30분)	1. 제1과의 준비 과제를 내 주십시오. 2. 앞으로 진행할 일대일 제자양육에 관한 구체적인 사항을 상의하십시오(장소, 시간, 준비물 등). 3. 서로를 위해 중보 기도를 간절히 한 후 마무리 짓습니다.

* 전체 소요 시간을 약 90분으로 한다.
* 구체적인 형편에 따라 융통성 있게 조정해 가면서 진행한다.

■ 다음 과를 위한 준비 과제

1. 첫 번째 만남 "예수는 어떤 분입니까?"를 미리 공부하십시오.
2. 마태복음 28장 19-20절을 암기하십시오.
3. 마가복음 1-7장을 매일 한 장씩 읽으십시오.
4. 주일 낮 예배 설교를 요점만 기록하십시오.

<안녕하세요>

<안녕하세요>는 그리스도 안에서 일대일 양육으로 만난 동반자의 참모습을 알고 기도해 주며 돕기 위해 마련된 문항입니다. 비밀은 절대 엄수됩니다.

- 당신의 이력 사항을 적어 보십시오.

  이름: (한글)   (한자) _____

  생년월일: _____

  전화: (집)   (직장) _____

  휴대전화: _____

  E-mail: _____

  가족 관계: _____

- 하는 일 또는 관심 분야:

- 당신의 삶에서 가장 따뜻하고 행복했거나 즐거웠던 시절은 어떠했습니까?

- 당신의 삶에서 가장 춥고 어려웠던 시절은 어떠했습니까?

- 예수님을 영접한 경우: 언제, 어떻게 영접했습니까?
  아직 영접하지 않은 경우: 현재 예수님에 대해서 무슨 생각을 하고 있습니까?

- 삶의 비전이 있다면 어떤 비전을 품고 있습니까?

- 일대일 만남 동안 함께 기도할 제목은 무엇입니까?

■ 이 과의 진행

과제 점검 **(15분)**	1. 지난 한 주 동안의 삶을 서로 나누십시오. 2. 마가복음 1-7장을 매일 읽었는지 알아보십시오. 읽은 것에서 인상적인 말씀이 무엇이었는지 알아보고 받은 은혜를 나누십시오. 3. 암송 구절을 암송하십시오(마 28:19-20). 4. 주일 설교 말씀을 통해서 받은 은혜를 잠깐 나누십시오.
도입 **(5분)**	1. 교재의 '도입 말'을 통해 이 과의 중요성을 깨닫고 문제의식을 갖게 하십시오.

교재 토의
(60분)
	1. 이 과의 요점을 생각하면서 토의하십시오.
	2. 동반자에게 한 단락씩 또는 한 문제씩 읽거나 답하게 한 후 양육자가 보충 질문과 코멘트를 하면서 서로 삶을 나누십시오.
	3. 강조해야 할 점
	   (1) 예수님은 하나님이시며 동시에 사람이시라는 점
	   (2) 예수님의 신성과 인성을 확신하고 있어야 할 필요성

마무리 **(10분)**	1. 이 과의 요점을 살려서 결론을 맺으십시오. 2. 이 과에서 받은 은혜를 생각하면서 결단의 기도를 드리십시오. 3. 다음 과를 위한 준비 과제와 기타 지시 사항을 알려 주십시오.

* 전체 소요 시간을 약 90분으로 한다.

* 구체적인 형편에 따라 융통성 있게 조정해 가면서 진행한다.

* 찬송가: 91장("슬픈 마음 있는 사람"), 84장("온 세상이 캄캄하여서")

■ 이 과의 요점

1. 예수가 인간의 본성을 지닌 참 사람이심(人性)을 알게 한다.

2. 예수가 하나님의 아들이심(神性)을 알게 한다.

3. 예수님의 본성을 이해하는 것이 왜 필요한지 알게 한다.

역사적 실존이신 예수님

참 사람이신 예수님

우리와 같은 점과 다른 점

참 하나님이신 예수님

당신은 예수님을 누구라 하는가?

┃ 도입 말

예수님은 하나님이신 동시에 사람이시다. 이것은 이해하기 어려운 진리다. 그러나 우리가 하나님이 전능하신 분임을 믿을 때는 그것이 결코 어려운 문제가 아니다. 이 진리는 구원 문제와 직결되어 있다. 구원자가 되시려면 예수님은 하나님이신 동시에 사람이셔야 한다. 만약 둘 중의 어느 하나가 부인되면 인간의 구원은 불가능해진다.

[참고] 누군가가 인간을 구원하려면 영원한 대제사장으로서의 자격이 있어야 한다. 대제사장의 자격은 사람이며 하나님의 부르심을 받아야 한다는 것이다(히 5:1, 4-5). 예수님은 이 두 가지 조건을 다 갖추고 계셨다(히 5:6, 8-10). 또한 그 대제사장이 드리는 제사가 영원한 효력이 있기 위해서는 죄가 없는 대제사장이어야 했다. 구약의 대제사장은 죄가 있기 때문에 해마다 제사를 드려야 했다. 그러나 예수님은 죄 없는 하나님의 아들이시므로 그분이 드리신 제사는 한 번으로 영원한 효력이 생겼다(히 9:12).

* 참고 성구

히 5:1 대제사장마다 사람 가운데서 택한 자이므로 하나님께 속한 일에 사람을 위하여 예물과 속죄하는 제사를 드리게 하나니

히 5:4-5 ⁴이 존귀는 아무도 스스로 취하지 못하고 오직 아론과 같이 하나님의 부르심을 받은 자라야 할 것이니라 ⁵또한 이와 같이 그리스도께서 대제사장 되심도 스스로 영광을 취하심이 아니요 오직 말씀하신 이가 그에게 이르시되 너는 내 아들이니 내가 오늘 너를 낳았다 하셨고

히 5:6, 8-10 ⁶또한 이와 같이 다른 데서 말씀하시되 네가 영원히 멜기세덱의 반차를 따르는 제사장이라 하셨으니 ⁸그가 아들이시면서도 받으신 고난으로 순종함을 배워서 ⁹온전하게 되셨은즉 자기에게 순종하는 모든 자에게 영원한 구원의 근원이 되시고 ¹⁰하나님께 멜기세덱의 반차를 따른 대제사장이라 칭하심을 받으셨느니라

히 9:12 염소와 송아지의 피로 하지 아니하고 오직 자기의 피로 영원한 속죄를 이루사 단번에 성소에 들어가셨느니라

❚ 교재 내용 연구

교재를 시작할 때 지금까지 동반자가 예수님에 대해 생각하고 경험해 온 바를 이야기하게 한다. 이때 양육자가 자세히 설명할 필요는 없다.

인성(참 사람 되심)

1. 예수님의 국적, 출생지 및 성장지는 각각 어디입니까(마 2:1, 23)? [참고] 미 5:2

- 국적: 유대　　　- 출생지: 베들레헴　　　- 성장지: 갈릴리 나사렛

* 참고 성구

미 5:2 베들레헴 에브라다야 너는 유다 족속 중에 작을지라도 이스라엘을 다스릴 자가 네게서 내게로 나올 것이라 그의 근본은 상고에, 영원에 있느니라

2. 예수님의 어린 시절은 어떠했습니까(눅 2:52)? [참고] 눅 2:40-52

지혜와 키가 자라 갔다. 하나님과 사람에게 사랑을 받으셨다.	• 하나님의 아들이시지만, 육신의 부모에 대한 효성과 다른 사람들에 대한 예의범절을 소홀히 하지 않으셨다. • 예수님은 자신이 하나님의 아들임을 분명히 알고 계셨다. • 예수님은 정신적(지혜), 육체적(키), 영적(하나님), 사회적(사람)으로 균형 잡힌 성장을 이루셨다.

* 참고 성구

눅 2:52 예수는 지혜와 키가 자라 가며 하나님과 사람에게 더욱 사랑스러워 가시더라

3. 예수님에 대한 묘사를 살펴보십시오.

(1) "사십 일을 밤낮으로 금식하신 후에 주리신지라"(마 4:2).

(2) "거기 또 야곱의 우물이 있더라 예수께서 길 가시다가 피곤하여 우물곁에 그대로 앉으시니 때가 여섯 시쯤 되었더라"(요 4:6).

(3) "예수께서는 고물에서 베개를 베고 주무시더니 제자들이 깨우며 …"(막 4:38).

(4) "예수께서 눈물을 흘리시더라"(요 11:35).

이러한 모습에서 우리는 예수님의 인성, 즉 참 사람 되심을 느낄 수 있다.

[참고 요 1:14; 롬 1:3]

＊참고 성구

요 1:14 말씀이 육신이 되어 우리 가운데 거하시매 우리가 그의 영광을 보니 아버지의 독생자의 영광이요 은혜와 진리가 충만하더라

롬 1:3 그의 아들에 관하여 말하면 육신으로는 다윗의 혈통에서 나셨고

3-1 보충 히브리서 2장 14-18절을 통해 예수님이 참 사람이 되셔야 하는 이유와 목적에 대해 살펴 보십시오.

(1) 예수님이 참 사람이시라는 사실을 어떻게 말하는가?
　① 혈육에 속하셨다(14절).
　② 범사에 형제들과 같으셨다(17절). 우리와 동일하게 시험을 받고 고난을 당하셨다(18절).

[참고] 빌 2:5-8
- 이 말씀은 예수님이 사람 되셨음을 어떻게 묘사하고 있는가?
　a. 하나님으로서의 영광을 포기하셨다.
　b. 자기를 비워 사람들과 같이 되셨다.
　c. 자기를 낮추어 죽기까지 복종하셨다.
- 이 사실 앞에 무엇을 느끼게 되는지 서로 이야기해 보라.

(2) 예수님이 사람이 되신 목적을 말하라.
　① 사망의 세력을 멸하고 사망에서 인간을 해방시키시려고
　② 죄에서 구원하시려고
　③ 시험에서 도우시려고

- 예수님이 사람이 되지 않으시면 이 세 가지 일을 하실 수 없는 이유를 생각해 보라. 인간이 되지 않으시면 인간의 죄와 허물, 연약함 등을 짊어지고 그 대가를 치르실 수 없다. [참고] 사 53장

[참고] 타락한 인간은 열등감, 죄의식, 두려움 등의 상한 마음 때문에 자기보다 나은 사람에게 마음을 닫아 버리는 경향이 있다. 심지어 거룩하신 하나님에 대해서도 그러하다. 피하려고만 한다. 이래서는 문제 해결이 안 된다. 그래서 예수님은 우리보다 못한 모습으로 오셨다(사 53:2). 누구나 쉽게 다가갈 수 있는 모습이기에, 우리는 어떤 상한 마음 가운데 있더라도 예수님께 나아가서 도움과 치유를 받을 수 있게 되었다.

히 2:14-18 ¹⁴자녀들은 혈과 육에 속하였으매 그도 또한 같은 모양으로 혈과 육을 함께 지니심은 죽음을 통하여 죽음의 세력을 잡은 자 곧 마귀를 멸하시며 ¹⁵또 죽기를 무서워하므로 한평생 매여 종노릇하는 모든 자들을 놓아 주려 하심이니 ¹⁶이는 확실히 천사들을 붙들어 주려 하심이 아니요 오직 아브라함의 자손을 붙들어 주려 하심이라 ¹⁷그러므로 그가 범사에 형제들과 같이 되심이 마땅하도다 이는 하나님의 일에 자비하고 신실한 대제사장이 되어 백성의 죄를 속량하려 하심이라 ¹⁸그가 시험을 받아 고난을 당하셨은즉 시험받는 자들을 능히 도우실 수 있느니라

빌 2:5-8 ⁵너희 안에 이 마음을 품으라 곧 그리스도 예수의 마음이니 ⁶그는 근본 하나님의 본체시나 하나님과 동등됨을 취할 것으로 여기지 아니하시고 ⁷오히려 자기를 비워 종의 형체를 가지사 사람들과 같이 되셨고 ⁸사람의 모양으로 나타나사 자기를 낮추시고 죽기까지 복종하셨으니 곧 십자가에 죽으심이라

사 53:2 그는 주 앞에서 자라나기를 연한 순 같고 마른 땅에서 나온 뿌리 같아서 고운 모양도 없고 풍채도 없은즉 우리가 보기에 흠모할 만한 아름다운 것이 없도다

3-2 보충 요한일서 4장 2-3절, 요한이서 1장 7-10절에서는 무엇을 적그리스도라고 말합니까? 또한 그들을 어떻게 대해야 한다고 합니까?

(1) 적그리스도는 무엇을 부인하는가? - 예수님의 인성을 부인한다.	• 적그리스도라는 말에서 '적'은 '대적하다, 대신하다'라는 뜻이 있다. 적그리스도는 그리스도에 대해 반대되는 입장에 서서 그리스도의 사역을 방해한다.
(2) 이단에 빠진 자를 어떻게 대해야 하는가? - 관계를 끊어라.	• 사랑의 사도인 요한도 이단에 대해서는 추호의 동정도 보이지 않고 있다. 여기에서 무엇을 배울 수 있는가? 이단을 관대하게 대하는 것은 악을 조장하는 행위다. 복음을 지키는 일에는 엄격함이 필요하다.

* 참고 성구

요일 4:2-3 ²이로써 너희가 하나님의 영을 알지니 곧 예수 그리스도께서 육체로 오신 것을 시인하는 영마다 하나님께 속한 것이요 ³예수를 시인하지 아니하는 영마다 하나님께 속한 것이 아니니 이것이 곧 적그리스도의 영이니라 오리라 한 말을 너희가 들었거니와 지금 벌써 세상에 있느니라

요이 1:7-10 ⁷미혹하는 자가 세상에 많이 나왔나니 이는 예수 그리스도께서 육체로 오심을 부인

하는 자라 이런 자가 미혹하는 자요 적그리스도니 ⁸너희는 스스로 삼가 우리가 일한 것을 잃지 말고 오직 온전한 상을 받으라 ⁹지나쳐 그리스도의 교훈 안에 거하지 아니하는 자는 다 하나님 을 모시지 못하되 교훈 안에 거하는 그 사람은 아버지와 아들을 모시느니라 ¹⁰누구든지 이 교 훈을 가지지 않고 너희에게 나아가거든 그를 집에 들이지도 말고 인사도 하지 말라

4. 히브리서 4장 15절을 읽어 보십시오.

(1) 예수님은 어떤 면에서 우리 인간과 같으신가? - 모든 면에서 우리와 똑같이 유혹을 받으셨다.	• 예수님은 우리의 연약함과 고통을 느낄 수 있는 능력이 있는 분이시다. 이 능력은 사랑의 힘으로부터 나온다. (개역한글에는 '동정하다'가 '체휼하다'로 쓰였는데, 이는 '이해하고 동정하다'라는 뜻이다.)
(2) 예수님은 어떤 면에서 우리 인간과 다르신가? - 죄를 전혀 경험한 적이 없으셨다.	• 우리 인간은 죄를 경험함으로써 죄를 알게 되었다.

신성(하나님 되심)

5. 요한복음 10장 30절에서 예수님은 자신을 어떻게 묘사하셨습니까?

"나와 아버지는 하나이니라."	• 예수님 자신이 하나님이라는 뜻이다. • 이 말씀은 삼위가 일체임을 말해 주는 근거가 된다.

6. 예수님이 하신 또 다른 증언들

(1) "아들을 공경하게 하려 하심이라" (요 5:23).	• 성부가 예수님께 심판하는 권세를 주신 목적을 말해 준다.
(2) "나를 본 자는 아버지를 보았거늘" (요 14:9).	• 이는 예수님이 성부 하나님을 나타내 보여 주시는 분이라는 뜻이다. 예수님 자신이 곧 하나님이라는 말씀이다. • 어떻게 이 불가사의한 일을 믿을 수 있을

보충 요한복음 10장 30-33절에서 유대인들이 예수님을 돌로 치려 한 이유는 무엇인가?
- 예수님이 자신이 하나님의 아들이라고 말씀하셨기 때문이다.

까? - 성령이 마음을 열어 믿게 하심으로써 가능하다.
• 예수님의 제자들이 그분을 하나님으로 각색한 것으로 오해하는 자들이 있다.
• 오늘날에도 예수님을 향해 돌을 드는 자들이 있을까? 있다면 어떤 자들일까? (예수님을 성인으로는 보지만, 하나님의 아들로는 인정하지 않는 사람들)

* 참고 성구

요 10:30-33 ³⁰나와 아버지는 하나이니라 하신대 ³¹유대인들이 다시 돌을 들어 치려 하거늘 ³²예수께서 대답하시되 내가 아버지로 말미암아 여러 가지 선한 일로 너희에게 보였거늘 그중에 어떤 일로 나를 돌로 치려 하느냐 ³³유대인들이 대답하되 선한 일로 말미암아 우리가 너를 돌로 치려는 것이 아니라 신성모독으로 인함이니 네가 사람이 되어 자칭 하나님이라 함이로라

7. 예수님 곁에 있었던 사람들의 증언들

(1) 마 14:33 (물 위를 걸으시며 바람을 잔잔케 하신 예수님)
"배에 있는 사람들이 예수께 절하며 이르되 진실로 하나님의 아들이로소이다 하더라."

(2) 마 27:54 (숨을 거두시는 예수님을 지켜보는 백부장과 동료 무리들)
"… 그 일어난 일들을 보고 심히 두려워하여 이르되 이는 진실로 하나님의 아들이었도다 하더라."

(3) 요 20:28 (부활하신 예수님의 손과 옆구리의 상처를 본 도마의 고백)
"도마가 대답하여 이르되 나의 주님이시요 나의 하나님이시니이다."

8. "너희는 나를 누구라고 생각하느냐?"라는 질문에 당신은 어떻게 대답하겠습니까?

예수님은 참 사람이시며 참 하나님이시다.

- 앞의 질문은 예수님이 공생애를 거의 마칠 무렵 제자들에게 하셨다.
- 끝으로 예수님에 대한 동반자의 생각을 들어 봅시다.

▌참고 도서

존 오트버그, 《예수는 누구인가?》(두란노, 2014)

▌다음 과를 위한 준비 과제

1. 주일 낮 예배 설교를 요점만 기록하십시오.
2. 고린도전서 15장, 요한계시록 1-6장을 매일 한 장씩 읽으십시오.
3. 두 번째 만남 "예수는 어떤 일을 했습니까?"를 미리 공부하십시오.

■ 이 과의 진행

과제 점검 **(15분)**	1. 지난 한 주 동안의 삶을 서로 나누십시오. 2. 성경을 매일 읽었는지 알아보십시오(고전 15장, 계 1-6장). 읽은 것에서 인상적인 말씀이 무엇이었는지 알아보십시오. 3. 주일 설교 말씀을 통해서 받은 은혜를 잠간 나누십시오.
도입 **(5분)**	1. 교재의 '도입 말'을 통해 이 과의 중요성을 깨닫고 문제의식을 갖게 하십시오.

교재 토의
(60분)
	1. 이 과의 요점을 생각하면서 토의하십시오.
	2. 동반자에게 한 단락씩 또는 한 문제씩 읽거나 답하게 한 후 양육자가 보충 질문과 설명을 하면서 서로 삶을 나누십시오.
	3. 강조해야 할 점
	   (1) 인간의 죄악 됨과 그 절망적인 상태를 깨닫게 할 것
	   (2) 예수 그리스도가 이 땅에 계실 때 하신 일, 특히 십자가에서 우리를 대신하여 죽으신 일에 대해 깨닫게 할 것

마무리 **(10분)**	1. 이 과의 요점을 생각하면서 결론을 맺으십시오. 2. 이 과에서 받은 은혜를 생각하며 결단의 기도를 드리십시오. 기도 제목을 나누고 책자 뒤에 있는 〈기도 계획표〉에 기록해 두십시오. 서로를 위해 간절히 기도하고 끝맺으십시오. 3. 다음 과를 위한 준비 과제와 기타 지시 사항을 알려 주십시오.

* 전체 소요 시간을 약 90분으로 한다.

* 구체적인 형편에 따라 융통성 있게 조정해 가면서 진행한다.

* 찬송가: 260장("우리를 죄에서 구하시려"), 270장("변찮는 주님의 사랑과")

■ 이 과의 요점

1. 예수 그리스도의 공생애 사역을 알게 한다.
2. 죄의 기원과 결과가 무엇인지를 알게 한다.
3. 특히 십자가의 대속적 죽음의 실상과 그 의미를 바로 알게 한다.

▎줄거리

공생애 기간 중 예수님이 하신 일
예수님의 죽음
죄의 기원과 결과
예수님의 십자가에서의 구속

▎도입 말

인간은 하나님께 범죄하여 철저하게 타락했다. 자신이 죄인이란 사실을 진지하게 생각하지 않는 사람은 예수 그리스도가 우리를 대신해서 죽으신 것과 여기에 담긴 하나님의 극진한 사랑에 감사할 줄 모르고 오히려 비웃기 쉽다. 또한 신자라고 해도 그리스도가 이 땅에서 하신 일에 대해 올바로 이해하지 못하면 하나님의 뜻을 저버리고 실족하기 쉽다. 예수님의 제자로서의 삶은 예수 그리스도의 삶과 그분이 하신 일을 바르게 이해할 때 비로소 가능하기 때문이다.

▎교재 내용 연구

지금까지 당신은 예수님을 어떤 일을 하신 분으로 생각하셨습니까?
- 3분 정도의 시간을 내어 동반자에게 노트에 써 보게 하라. 이것을 통해 동반자가 예수님을 얼마나 이해하고 있는지 알 수 있다. 그 내용을 참조해서 말씀을 나누도록 하라.

1. 세례 요한이 예수님이 기다리던 메시아인가를 확인하는 질문을 했을 때 예수님은 자기가 하고 있는 일들을 어떻게 묘사하셨습니까(마 11:2-6)?

예수님이 하신 일은?
- 맹인이 보게 되며, 못 걷는 사람이 걷게 되며, 나병 환자가 깨끗함을 받으며, 못 듣는 자가 듣게 되며, 죽은 자가 살아나며, 가난한 자에게 복음이 전파되었다.

- 예수님은 메시아 사역을 묘사한 이사야 61장 1-2절 말씀을 생각하게 하는 대답을 하셨다.
- 이런 것들은 문자적 의미와 영적인 의미가 있다.
  예) 맹인:
  문자적 의미 - 물체를 보지 못함
  영적인 의미 - 살아 역사하시는 주님의 손길을 보지 못함(깨닫지 못함)
- 예수님이 하신 일들 중에서 어떤 일이 특별히 마음에 와닿는지 나누어 보라.

* 참고 성구

사 61:1-2 ¹주 여호와의 영이 내게 내리셨으니 이는 여호와께서 내게 기름을 부으사 가난한 자에게 아름다운 소식을 전하게 하려 하심이라 나를 보내사 마음이 상한 자를 고치며 포로 된 자에게 자유를, 갇힌 자에게 놓임을 선포하며 ²여호와의 은혜의 해와 우리 하나님의 보복의 날을 선포하여 모든 슬픈 자를 위로하되

2. 마태는 예수님의 사역을 어떻게 묘사했습니까(마 4:23)?

공공연하게 활동하셨다.
 (1) 회당에서 가르치셨다(Teaching).
 (2) 천국 복음을 전파하셨다(Preaching).
 (3) 모든 병과 약한 것을 고치셨다
  (Healing).

- 이것은 예수님의 공생애의 3요소다.
 ① 이스라엘의 영적 무지를 일깨워 주는 선생(마 7:28-29):
  교회는 하나님의 말씀을 가르치는 일에 힘써야 한다. 성도는 다른 사람을 제자로 세우는 일에 힘써야 한다(마 28:19).
 ② 복음 전도자(마 9:35):
  교회는 복음 전파의 사명을 가진다. 성도는 예수님의 증인이다(행 1:8).
 ③ 영육의 치료자(마 8:3, 9:35):
  교회는 봉사의 사명을 갖는다(고전 12:9, 30).
- 주님의 몸 된 교회의 한 지체로서 우리는 이 사역들 중 어떤 사역을 하고 있는지, 하고 있다면 그 일을 구체적으로 나누어 보라.

* 참고 성구

마 7:28-29 ²⁸예수께서 이 말씀을 마치시매 무리들이 그의 가르치심에 놀라니 ²⁹이는 그 가르치시는 것이 권위 있는 자와 같고 그들의 서기관들과 같지 아니함일러라

마 28:19 그러므로 너희는 가서 모든 민족을 제자로 삼아 아버지와 아들과 성령의 이름으로 세례를 베풀고

마 9:35 예수께서 모든 도시와 마을에 두루 다니사 그들의 회당에서 가르치시며 천국 복음을 전파하시며 모든 병과 모든 약한 것을 고치시니라

행 1:8 오직 성령이 너희에게 임하시면 너희가 권능을 받고 예루살렘과 온 유대와 사마리아와 땅끝까지 이르러 내 증인이 되리라 하시니라

마 8:3 예수께서 손을 내밀어 그에게 대시며 이르시되 내가 원하노니 깨끗함을 받으라 하시니 즉시 그의 나병이 깨끗하여진지라

마 9:35 예수께서 모든 도시와 마을에 두루 다니사 그들의 회당에서 가르치시며 천국 복음을 전파하시며 모든 병과 모든 약한 것을 고치시니라

고전 12:9 다른 사람에게는 같은 성령으로 믿음을, 어떤 사람에게는 한 성령으로 병 고치는 은사를

고전 12:30 다 병 고치는 은사를 가진 자이겠느냐 다 방언을 말하는 자이겠느냐 다 통역하는 자이겠느냐

3. 예수님은 공생애 중에 어떤 사람들과 함께 지내셨습니까(막 2:15)?

많은 세리와 죄인들의 친구가 되셨다.

보충 예수님이 이 땅에 오신 목적에 대해서 생각해 보라. [참고] 마 9:13; 막 10:45
- 죄인을 찾아서 섬기려고 오셨다.

- 당시에 세리는 어떤 취급을 받았는가?
  - 강도와 같이 취급되고 민족 반역자로 멸시와 천대를 받았다. 그의 가족은 유대인 자치 조직에서 직무를 담당할 수도 없었고, 유대인 법정에서 증언도 할 수 없었다.
- 당시에 죄인은 어떤 사람을 말하는가?
  - 바리새인들의 서기관적 전통에 관심을 보이지 않는 천민 계층으로서, 대부분의 서민이 여기에 속했다.
- 자신의 삶의 목적은 어떠한지 서로 나누어 보라.

* 참고 성구

마 9:13 너희는 가서 내가 긍휼을 원하고 제사를 원하지 아니하노라 하신 뜻이 무엇인지 배우라 나는 의인을 부르러 온 것이 아니요 죄인을 부르러 왔노라 하시니라

막 10:45 인자가 온 것은 섬김을 받으려 함이 아니라 도리어 섬기려 하고 자기 목숨을 많은 사람의 대속물로 주려 함이니라

4. 이와 같은 공생애를 보내신 예수님에 대해 당신은 어떻게 느낍니까? 예수님의 생애의 어떤 면이 당신에게 감명을 줍니까? (1, 2, 3번 문제에 대한 종합 정리)

(1) 구약에 예언된 메시아 사역 중에서는?
(2) 공생애 사역의 3요소 중에서는?
(3) 소외된 자들의 친구가 되신 사실은?

- 느낀 바를 자유롭게 나누어 보자.
  (해당되는 문제에서 나누는 것이 더욱 좋겠다.)

5. 예수님은 어떤 죽음을 당하셨습니까(막 15:15, 25)?

채찍질을 당하신 후 십자가 처형을 당하셨다.

- 십자가 처형에 대해 생각해 보라.

  (노예나 식민지 백성 가운데 반란을 일으킨 주모자들을 처형할 때 이용한 가장 잔인한 사형 방법으로, 인격적 대우를 할 필요가 없다고 여겨진 자들에게 행했다. 건강한 사람은 일주일 이상 매달려 잔혹한 고통과 싸워야 했다.)

보충 나무에 달린 자마다 하나님께 저주를 받았다고 한다(갈 3:13). 예수님의 죽음도 그러한가?
- 예수님은 율법의 저주를 당하셨다.

- 이 저주는 누가 받아야 했던 저주인가?
  - "그리스도께서 우리를 위하여 저주를 받은 바 되사 율법의 저주에서 우리를 속량하셨으니"(갈 3:13).
  - **이것은 바로 우리 자신이 받아야 했던 저주다.**

보충 왜 그런 죽음을 당하셔야만 했을까?
- "보라 세상 죄를 지고 가는 하나님의 어린양이로다"(요 1:29하).
- "피 흘림이 없은즉 사함이 없느니라"
  (히 9:22하).
- "생명이 피에 있으므로 피가 죄를 속하느니라"(레 17:11하).

- 주인의 죄를 대신하여 제물이 된 어린양은 제단에 피를 흘리지 않으면 안 되었다.
- 이것이 하나님이 정하신 공의의 법이다. 하나님은 결코 공의를 포기하지 않으신다.
- 생명과 동등한 대가를 가진 것은 피다. 그러나 죄인의 피는 아무 가치가 없고 오직 의인의 피만이 죄를 속한다.
- 하나님은 이 피를 어디서 찾으셨는가?
  - **하나님의 아들 예수님에게서 찾으셨다.**

6. 예수님의 죽음의 의미를 요약해 보십시오.

유대인: 신성 모독   로마인: 반역죄

(1) 마가복음 10장 45절에서는 무엇을 말하고 있는가?
- 대속적 죽음

- 죄와 사망의 법에 노예 된 인간을 해방시키기 위해 대신 지불된 대가로서의 죽음을 말한다.

(2) 로마서 5장 8절에서는 무엇을 말하고 있는가?
- 우리에 대한 하나님 자신의 사랑을 확증하셨다.

• 인간에 대한 하나님의 사랑의 크기는?
- **자신의 아들을 사랑하는 그 이상의 사랑이다.**

[참고] 롬 3:25-26; 벧전 3:18, 2:24
• 예수님의 십자가 죽으심은 하나님의 공의와 사랑의 실현이다.
• 우리를 하나님 앞으로 인도하려 하심이다.
• 죄에 대하여는 죽고 의에 대하여는 살게 하려 하심이다.

* 참고 성구

롬 3:25-26 ²⁵이 예수를 하나님이 그의 피로써 믿음으로 말미암는 화목제물로 세우셨으니 이는 하나님께서 길이 참으시는 중에 전에 지은 죄를 간과하심으로 자기의 의로우심을 나타내려 하심이니 ²⁶곧 이때에 자기의 의로우심을 나타내사 자기도 의로우시며 또한 예수 믿는 자를 의롭다 하려 하심이라

벧전 3:18 그리스도께서도 단번에 죄를 위하여 죽으사 의인으로서 불의한 자를 대신하셨으니 이는 우리를 하나님 앞으로 인도하려 하심이라 육체로는 죽임을 당하시고 영으로는 살리심을 받으셨으니

벧전 2:24 친히 나무에 달려 그 몸으로 우리 죄를 담당하셨으니 이는 우리로 죄에 대하여 죽고 의에 대하여 살게 하려 하심이라 그가 채찍에 맞음으로 너희는 나음을 얻었나니

7. 죄란 무엇입니까? 당신의 생각을 적어 보십시오.

• 자유롭게 죄에 대한 개념을 말하거나 적어 보게 한다. 이때 자세히 설명할 필요는 없다.

8. 성경은 죄의 기원과 결과를 무엇이라고 말합니까(롬 5:12, 3:23)?

1) 죄의 기원은(롬 5:12)?
(1) 아담이 하나님의 말씀을 거역하고 자신의 정욕에 따라 선악과를 따 먹은 사건(하나님의 말씀에 대한 불순종)이 죄의 기원이 된다.

• 이것의 의미를 생각해 보라.
- 하나님 중심의 삶에서 자기 중심의 삶으로 전환한 것을 뜻한다. 즉 눈에 보이지 않는 하나님을 경외하여 그분의 모든 말씀대로 사는 것이 아니라, 눈에 보이는 대로 육체의 욕구에 따라서 살아가는 삶의

방식을 취한 것을 말한다.

보충 창세기 3장 1-8절을 통해서 아담과 하와가 하나님의 명령을 어떻게 어겼는가 살펴보라.
- 하나님과 같이 되고자 함
  유혹에서 짐
  아담: 하나님의 명령을 하와에게 정확하게 알려 주지 않았고, 오히려 아내의 유혹에 넘어갔다.
  하와: 하나님의 명령을 자기 나름대로 각색했다.

- 하나님의 말씀을 간접적으로 듣는 것은 위험하다. 하와는 남편에게 들었다. 직접 하나님 말씀의 문을 두드리라!
- 우리에게는 하나님의 말씀을 나름대로 각색하는 버릇이 없는지 생각해 보라.

* 참고 성구

창 3:1-8 ¹그런데 뱀은 여호와 하나님이 지으신 들짐승 중에 가장 간교하니라 뱀이 여자에게 물어 이르되 하나님이 참으로 너희에게 동산 모든 나무의 열매를 먹지 말라 하시더냐 ²여자가 뱀에게 말하되 동산 나무의 열매를 우리가 먹을 수 있으나 ³동산 중앙에 있는 나무의 열매는 하나님의 말씀에 너희는 먹지도 말고 만지지도 말라 너희가 죽을까 하노라 하셨느니라 ⁴뱀이 여자에게 이르되 너희가 결코 죽지 아니하리라 ⁵너희가 그것을 먹는 날에는 너희 눈이 밝아져 하나님과 같이 되어 선악을 알 줄 하나님이 아심이니라 ⁶여자가 그 나무를 본즉 먹음직도 하고 보암직도 하고 지혜롭게 할 만큼 탐스럽기도 한 나무인지라 여자가 그 열매를 따 먹고 자기와 함께 있는 남편에게도 주매 그도 먹은지라 ⁷이에 그들의 눈이 밝아져 자기들이 벗은 줄을 알고 무화과나무 잎을 엮어 치마로 삼았더라 ⁸그들이 그날 바람이 불 때 동산에 거니시는 여호와 하나님의 소리를 듣고 아담과 그의 아내가 여호와 하나님의 낯을 피하여 동산 나무 사이에 숨은지라

2) 죄의 결과는(롬 3:23)?

(1) 하나님의 영광에 이르지 못한다.

- 하나님의 영광이란 무엇인가?
  ① 태초에 그분의 형상에 따라 지은 바 된 인간의 모습
  ② 그리스도의 재림 때 회복될 영화로운 인간의 모습

41

보충 창세기 3장 17-24절은 그 결과를 어떻게 묘사하고 있는가?
  ① 자연의 저주(18절)
  ② 일평생의 수고(19절)
  ③ 흙으로 돌아감(19절)
  ④ 에덴에서 쫓겨남(23절)

- 하나님이 내리신 저주는 인간이 스스로 벗어날 수 없다.
- 이 저주는 예수님을 믿어도 현실적으로 완전히 벗어나지 못한다. 언제 완전히 벗어나게 되는가(롬 8:21-23)?
  - 예수님이 재림하실 때 영화롭게 됨으로써

(2) 범죄로 인해 피하지 못하게 된 인간의 죽음에 대해 설명하라.
  ① 영적 죽음(엡 2:1)
  ② 육체적 죽음(히 9:27)

- 영적 죽음: 인간과 하나님의 인격적 교제가 단절되어 버린 상태를 말한다.
- 육체적 죽음: 영혼과 육체가 분리된 상태를 말한다.

■ 영원한 죽음(계 2:11)

- 영원한 죽음: 하나님께 심판받아 영원한 지옥에 처해지는 것을 말한다. 이를 둘째 사망이라고도 한다.
- 동반자에게 이러한 죽음에 대해 깊이 탄식해 본 적이 있는지 물어보라.

보충 범죄로 인한 인간의 타락은 어느 정도로 심각한가(롬 3:10-18)?
  ① 예외 없는 타락(10절)
  ② 선에 대한 전적인 무능
  ③ 전 인격적인 오염(13-15절)
  ④ 절망적인 운명(16-18절)

- 예외 없는 타락은 사람의 관점에서 내린 판단이 아닌 하나님 입장에서의 판단이다(11-12절).
- 예수님을 믿기 전에 스스로 의롭다고 자부한 적은 없었는가?
- ②의 선은 하나님을 향한 사람의 바른 마음가짐과 행동을 말한다.
- 예수님을 믿기 전에 하나님을 위해 살아야겠다는 생각을 한 적이 있는가?
- 입과 혀가 더럽다는 것을 집중적으로 언

급하는 이유는 어디에 있는가(마 15:18-20; 렘 17:9)?
- 대부분의 죄악이 혀를 통해서 행해지기 때문이다.
• 이같이 절망적인 인간에게 무엇이 가장 필요하다고 생각하는가?
- 죄 문제의 해결

* 참고 성구

창 3:17-24 17아담에게 이르시되 네가 네 아내의 말을 듣고 내가 네게 먹지 말라 한 나무의 열매를 먹었은즉 땅은 너로 말미암아 저주를 받고 너는 네 평생에 수고하여야 그 소산을 먹으리라 18땅이 네게 가시덤불과 엉겅퀴를 낼 것이라 네가 먹을 것은 밭의 채소인즉 19네가 흙으로 돌아갈 때까지 얼굴에 땀을 흘려야 먹을 것을 먹으리니 네가 그것에서 취함을 입었음이라 너는 흙이니 흙으로 돌아갈 것이니라 하시니라 20아담이 그의 아내의 이름을 하와라 불렀으니 그는 모든 산 자의 어머니가 됨이더라 21여호와 하나님이 아담과 그의 아내를 위하여 가죽옷을 지어 입히시니라 22여호와 하나님이 이르시되 보라 이 사람이 선악을 아는 일에 우리 중 하나같이 되었으니 그가 그의 손을 들어 생명나무 열매도 따 먹고 영생할까 하노라 하시고 23여호와 하나님이 에덴동산에서 그를 내보내어 그의 근원이 된 땅을 갈게 하시니라 24이같이 하나님이 그 사람을 쫓아내시고 에덴동산 동쪽에 그룹들과 두루 도는 불 칼을 두어 생명나무의 길을 지키게 하시니라

롬 8:21-23 21그 바라는 것은 피조물도 썩어짐의 종노릇한 데서 해방되어 하나님의 자녀들의 영광의 자유에 이르는 것이니라 22피조물이 다 이제까지 함께 탄식하며 함께 고통을 겪고 있는 것을 우리가 아느니라 23그뿐 아니라 또한 우리 곧 성령의 처음 익은 열매를 받은 우리까지도 속으로 탄식하여 양자 될 것 곧 우리 몸의 속량을 기다리느니라

엡 2:1 그는 허물과 죄로 죽었던 너희를 살리셨도다

히 9:27 한 번 죽는 것은 사람에게 정해진 것이요 그 후에는 심판이 있으리니

계 2:11 귀 있는 자는 성령이 교회들에게 하시는 말씀을 들을지어다 이기는 자는 둘째 사망의 해를 받지 아니하리라

롬 3:10-18 10기록된 바 의인은 없나니 하나도 없으며 11깨닫는 자도 없고 하나님을 찾는 자도 없고 12다 치우쳐 함께 무익하게 되고 선을 행하는 자는 없나니 하나도 없도다 13그들의 목구멍은 열린 무덤이요 그 혀로는 속임을 일삼으며 그 입술에는 독사의 독이 있고 14그 입에는 저주와 악독이 가득하고 15그 발은 피 흘리는 데 빠른지라 16파멸과 고생이 그 길에 있어 17평강의 길을 알지 못하였고 18그들의 눈앞에 하나님을 두려워함이 없느니라 함과 같으니라

마 15:18-20 18입에서 나오는 것들은 마음에서 나오나니 이것이야말로 사람을 더럽게 하느니라

¹⁹마음에서 나오는 것은 악한 생각과 살인과 간음과 음란과 도둑질과 거짓 증언과 비방이니 ²⁰이런 것들이 사람을 더럽게 하는 것이요 씻지 않은 손으로 먹는 것은 사람을 더럽게 하지 못하느니라

렘 17:9 만물보다 거짓되고 심히 부패한 것은 마음이라 누가 능히 이를 알리요마는

9. 예수님이 십자가에서 죽으심으로써 죄 문제를 해결해 주셨습니다(엡 1:7).

1) 이 죄 안에 당신의 죄도 포함된다고 생각 합니까?

- 하나님과 나 자신 사이의 화평에 관한 물음이다.

2) 그 외에 십자가의 죽음이 이 세상에 베푼 혜택에는 어떤 것들이 있습니까?

  (1) 엡 2:13
     인간 상호 간의 화평

- 고린도전서 12장 13절에서는 이것을 어떻게 묘사하고 있는가? ("다 한 성령으로 세례를 받아 한 몸이 되었고….")
- 에베소서 2장 16절에서는 이것을 어떻게 묘사하고 있는가? ("또 십자가로 이 둘을 한 몸으로 하나님과 화목하게 하려 하심이라.")

  (2) 골 1:20
     자연과 하나님의 화평

- 로마서 8장 19-22절에서는 이것을 어떻게 묘사하고 있는가? (아담의 죄로 인해서 함께 저주받은 피조물은 예수 그리스도의 십자가 공로로 하나님과 화목하게 되었다. 이를 피조물에 구체적으로 실현시키는 일은 구원받은 하나님의 자녀에게 그 책임이 주어져 있다. 그래서 피조물이 하나님의 아들들의 나타남을 기다리고 있다고 말하는 것이다.)

10. 예수님의 죽음이 지금의 우리 사회가 가지고 있는 문제들에도 해결책을 제시해 줍니다. 구체적으로 생각해 보십시오.

엡 2:14-15	민족 간의 화평
엡 5:24-25	부부 간의 화평
엡 6:1, 4	부모 자녀 간의 화평
엡 6:5, 9	노사 간의 화평
골 1:20	자연과의 화평

- 유대인과 이방인의 교류를 가능케 했다.
- 성령 충만하여 그리스도를 경외하게 될 때 이 모든 것이 가능하다.
- 사회적인 문제들에 관해 서로 나누는 시간을 갖도록 하라.

- 특별히 하나님의 자녀로서 공해를 비롯한 환경 문제에 대해 어떤 태도를 갖고 있는지 서로 나누어 보라.

* 참고 성구

롬 8:19-22 [19]피조물이 고대하는 바는 하나님의 아들들이 나타나는 것이니 [20]피조물이 허무한 데 굴복하는 것은 자기 뜻이 아니요 오직 굴복하게 하시는 이로 말미암음이라 [21]그 바라는 것은 피조물도 썩어짐의 종노릇한 데서 해방되어 하나님의 자녀들의 영광의 자유에 이르는 것이니라 [22]피조물이 다 이제까지 함께 탄식하며 함께 고통을 겪고 있는 것을 우리가 아느니라

엡 2:14-15 [14]그는 우리의 화평이신지라 둘로 하나를 만드사 원수 된 것 곧 중간에 막힌 담을 자기 육체로 허시고 [15]법조문으로 된 계명의 율법을 폐하셨으니 이는 이 둘로 자기 안에서 한 새 사람을 지어 화평하게 하시고

엡 5:24-25 [24]그러므로 교회가 그리스도에게 하듯 아내들도 범사에 자기 남편에게 복종할지니라 [25]남편들아 아내 사랑하기를 그리스도께서 교회를 사랑하시고 그 교회를 위하여 자신을 주심 같이 하라

엡 6:1 자녀들아 주 안에서 너희 부모에게 순종하라 이것이 옳으니라

엡 6:4 또 아비들아 너희 자녀를 노엽게 하지 말고 오직 주의 교훈과 훈계로 양육하라

엡 6:5 종들아 두려워하고 떨며 성실한 마음으로 육체의 상전에게 순종하기를 그리스도께 하듯 하라

엡 6:9 상전들아 너희도 그들에게 이와 같이 하고 위협을 그치라 이는 그들과 너희의 상전이 하늘에 계시고 그에게는 사람을 외모로 취하는 일이 없는 줄 너희가 앎이라

▌참고 도서

노먼 앤더슨, 《부활의 증거》(IVP, 2011)

▌다음 과를 위한 준비 과제

1. 주일 낮 예배 설교를 요점만 기록하십시오.
2. 마가복음 8-14장을 매일 한 장씩 읽으십시오.
3. 세 번째 만남 "예수는 지금 무엇을 하고 있습니까?"를 미리 공부하십시오.
4. 갈라디아서 2장 20절과 요한복음 15장 5절을 암기하십시오.

세 번째 만남 예수는 지금 무엇을 하고 있습니까?

■ 이 과의 진행

과제 점검 (15분)	1. 지난 한 주 동안의 삶을 서로 나누십시오. 2. 마가복음 8-14장을 매일 읽었는지 알아보십시오. 읽은 것에서 인상적인 말씀이 무엇이었는지 알아보십시오. 3. 지난 과의 요점을 간단히 복습하십시오. 4. 이 과의 성구를 반복해서 암송시키십시오(갈 2:20; 요 15:5). 5. 주일 설교 말씀을 통해서 받은 은혜를 잠깐 나누십시오.
도입 (5분)	1. 교재의 '도입 말'을 통해 이 과의 중요성을 깨닫고 문제의식을 갖게 하십시오.
교재 토의 (60분)	1. 이 과의 요점을 생각하면서 토의하십시오. 2. 동반자에게 한 단락씩 또는 한 문제씩 읽거나 답하게 한 후 양육자가 보충 질문과 설명을 하면서 서로 삶을 나누십시오.
마무리 (10분)	1. 이 과의 요점을 살려 결론을 맺으십시오. 2. 이 과에서 받은 은혜를 생각하며 결단의 기도를 드리십시오. 기도 제목을 나누고 책자 뒤에 있는 <기도 계획표>에 기록해 두십시오. 서로를 위해 간절히 기도하고 끝맺으십시오. 3. 다음 과를 위한 준비 과제와 기타 지시 사항을 알려 주십시오.

* 전체 소요 시간을 약 90분으로 한다.
* 구체적인 형편에 따라 융통성 있게 조정해 가면서 진행한다.
* 찬송가: 31장("찬양하라 복되신 구세주 예수"), 165장("주님께 영광")

■ 이 과의 요점

1. 그리스도의 죽음과 함께 기독교의 초석이 되는 부활에 관해 살펴본다.
2. 예수님의 부활의 증거들과 승천하신 사실, 그리고 현재 어디에 계시며 무엇을 하고 계시는지 알게 한다.
3. 오늘날 예수님의 부활이 우리에게 주는 실제적인 의의에 관해 깨닫게 한다.
   (이미 예수님을 영접한 사람에게는 이 점이 더 강조되는 것이 바람직하다.)

▍줄거리

예수님의 부활에 대한 예언
예수님 부활의 증인들
부활하신 예수님의 상태

▍도입 말

예수님의 부활은 그분의 죽음과 함께 기독교의 초석이 되는 복음의 핵심이다. 이 부활은 성도들의 삶의 근본 원리가 되며, 구체적 행위의 원동력이 된다. 때때로 교회에는 오래 다녔지만 예수님이 죽음의 권세를 이기고 다시 살아나셨다는 데 대한 감격이 식어 있는 사람을 볼 수 있다. 부활 이야기는 그들에게 과거의 일로 그치고 있다. 그러나 이 부활은 성도의 삶에 있어서 현재적인 사건이 되어야 한다. 날마다 삶 속에서 확인하고 감격하고 찬양해야 할 일인 것이다. 당신의 삶 가운데 이 감격이 있는가?

▍교재 내용 연구

■ 예수님이 부활하셔서 지금 역사하고 계시다는 사실에 대해서 어떻게 생각합니까? (잠깐 동반자의 생각을 들어 본다.)

■ 부활의 기쁨이 당신에게 넘치고 있습니까? 만약 그렇지 못하다면 그 이유는 무엇입니까? 다음에 예시된 사항을 참조하여 이야기해 보십시오.

1. 부활 사실을 아직 완전히 믿지 않고 있다.
2. 예수님을 사랑하는 마음이 적다.
3. 너무 많이 들어서 이제는 감각이 없다.
4. 아직도 그 사실을 정확히 알지 못하고 있다.
5. 예수 부활하심을 다른 사람에게 증거하지 않고 있다.
6. 부활이 나에게 안겨다 준 은혜와 축복을 진지하게 받지 못한다.
7. 아직도 세상과 육신을 너무 사랑하고 있어서 관심이 별로 없다.
8. 요즈음 생활이 너무 힘들어 마음에 여유가 없다.
9. 남에게 말하기 힘든 죄에 빠져 있다.

1. 예수님은 자신이 죽은 후에 어떤 일이 일어날 것이라고 말씀하셨습니까(마 16:21)?

삼 일 후에 부활한다.

- 공생애가 거의 끝날 무렵 예수님이 가이사랴 빌립보에서 제자들의 신앙 고백을 들으신 후 행하신 가르침이다.
- 예수님은 자신이 메시아임을 밝히신 뒤에 닥쳐올 고난과 죽음에 대해 말씀하셨다.
- 영적 부활이나 실존론적 부활이 아니라, 육체적 부활을 의미한다. [참고] 실존론적 부활: 고난 중에 낙심한 사람이 주님을 바라봄으로써 다시 일어나는 것 등을 말한다.
- 제자들은 그때 예수님의 가르침을 깨달았는가? [참고] 요 2:19-22. 전혀 깨닫지 못했다.
- 예수님은 유대인들에게 메시아의 표적으로 이 사실을 제시하신 바 있다.

2. 성경은 예수님이 자신이 예언했던 대로 다시 살아나셨다고 전하고 있습니다. 부활하신 예수님을 어떤 사람들이 보았습니까(고전 15:3-8)?

보충 성경대로 삼 일 만에 다시 살아나셨다는 말은 무슨 뜻입니까?
- 예수님이 구약 성경에 예언된 사실을 이루셨다는 뜻(시 16:10-11)

부활하신 예수님을 어떤 사람들이 보았습니까?
① 게바(눅 24:34)
② 열두 제자(눅 24:36)
③ 오백여 형제
④ 야고보
⑤ 모든 사도
⑥ 바울

- 몇 명인가 헤아려 보라.
  - 남자만 오백여 명이 되고 여자와 어린아이까지 합하면 약 천 명 이상이 될 것이다.

율법이 정하고 있는 합법적인 수는 몇 명입니까(신 19:15)?
- 두세 증인

- 부활 사건을 상세히 기록한 문서들과 수백 명의 목격자들이 부활을 증거하고 있다. 그래도 증거가 더 필요한가?
- 토마스 아놀드는 로마의 역사에서, 인류 역사상 예수 그리스도가 다시 살아나셨음을 보여 주신 하나님의 위대한 표적보다 더 훌륭하고 완전한 증거는 찾아볼 수 없다고 말한다.
- 동반자가 아직도 부활을 의심하고 있는지 알아보라. [참고] 엡 4:18

보충 오백여 명이 보고 증언한 사실을 믿지 않는 사람은 어떤 사람이라고 생각됩니까?
- 비합리적이며 영적인 어두움에 빠져 있다고 말할 수 있다.

보충 부활의 소식을 듣고도 믿지 않는 제자들에게 예수님은 어떻게 하셨습니까?
① 책망하셨다(막 16:14).

- 증인의 말을 듣고도 믿지 아니한 점을 특별히 책망하셨다. 증인의 말을 들어야 한다.
- '말만 들어서 될까?' 하는 생각은 들지 않는가? 솔직한 이야기를 유도하라. [참고] 요 20:29

② 구약 성경을 해석해 주셨다
   (눅 24:25-27).

- 예수님은 부활의 진실을 무엇으로 증명하셨는가?
  - **구약 예언의 말씀을 가지고**
- 왜 예수님은 모든 사람에게 부활한 자신의 몸을 가지고 증명하지 않으셨을까?
  - 만약 보고 믿게 하여 체험에만 의존하게 하면 체험이 없는 경우에는 곤란하게 된다. 하나님은 하나님의 말씀에 근거해서 믿기를 바라신다.

* 참고 성구

시 16:10-11 ¹⁰이는 주께서 내 영혼을 스올에 버리지 아니하시며 주의 거룩한 자를 멸망시키지 않으실 것임이니이다 ¹¹주께서 생명의 길을 내게 보이시리니 주의 앞에는 충만한 기쁨이 있고 주의 오른쪽에는 영원한 즐거움이 있나이다

눅 24:34 말하기를 주께서 과연 살아나시고 시몬에게 보이셨다 하는지라

눅 24:36 이 말을 할 때에 예수께서 친히 그들 가운데 서서 이르시되 너희에게 평강이 있을지어다 하시니

신 19:15 사람의 모든 악에 관하여 또한 모든 죄에 관하여는 한 증인으로만 정할 것이 아니요 두 증인의 입으로나 또는 세 증인의 입으로 그 사건을 확정할 것이며

엡 4:18 그들의 총명이 어두워지고 그들 가운데 있는 무지함과 그들의 마음이 굳어짐으로 말미암아 하나님의 생명에서 떠나 있도다

막 16:14 그 후에 열한 제자가 음식 먹을 때에 예수께서 그들에게 나타나사 그들의 믿음 없는 것과 마음이 완악한 것을 꾸짖으시니 이는 자기가 살아난 것을 본 자들의 말을 믿지 아니함일러라

요 20:29 예수께서 이르시되 너는 나를 본 고로 믿느냐 보지 못하고 믿는 자들은 복되도다 하시니라

눅 24:25-27 ²⁵이르시되 미련하고 선지자들이 말한 모든 것을 마음에 더디 믿는 자들이여 ²⁶그리스도가 이런 고난을 받고 자기의 영광에 들어가야 할 것이 아니냐 하시고 ²⁷이에 모세와 모든 선지자의 글로 시작하여 모든 성경에 쓴 바 자기에 관한 것을 자세히 설명하시니라

3. 부활하신 예수님은 제자들에게 자신에 대해 무엇이라고 선언하셨습니까(마 28:18)? 사도 바울은 부활하신 예수님에 대해 무엇이라고 선언했습니까(롬 1:4)?

(1) 예수님의 선언(마 28:18)
 - 하늘과 땅의 모든 권세를 받으셨다.

(2) 바울의 선언(롬 1:4)
 - 하나님의 아들이시다.

• 모든 영광을 버리고 낮아지신 예수님은 부활하신 후 다시 모든 영광을 받으셨다. 하나님은 낮아진 만큼 높이신다.

• 십자가의 죽음과 부활은 유대인들이 예수님께 요구했던 하나님의 아들임을 나타내는 표적이기도 하다.

• 부활을 통해서 예수님은 메시아와 하나님의 아들임을 밝히 드러내셨다.

4. 부활 후 예수님은 어디로 가셨습니까(행 1:9-11)?

(1) 하늘(천성)로 가셨다.

• 아버지 하나님께로 가셨다(요 14:12).

(2) 왜 가셨을까?

    ① 성령님을 보내시기 위해서다(요 16:7하).

    ② 천국에서 우리의 처소를 예비하시기 위해서다(요 14:2-3).

- 예수님은 성령님으로 우리 안에 들어오셔서 역사하고 계신다.

  (자세한 사항은 "성령 충만한 삶"에서 고찰한다.)

* 참고 성구

요 16:7하 내가 떠나가지 아니하면 보혜사가 너희에게로 오시지 아니할 것이요 가면 내가 그를 너희에게로 보내리니

요 14:2-3 ²내 아버지 집에 거할 곳이 많도다 그렇지 않으면 너희에게 일렀으리라 내가 너희를 위하여 거처를 예비하러 가노니 ³가서 너희를 위하여 거처를 예비하면 내가 다시 와서 너희를 내게로 영접하여 나 있는 곳에 너희도 있게 하리라

요 14:12 내가 진실로 진실로 너희에게 이르노니 나를 믿는 자는 내가 하는 일을 그도 할 것이요 또한 그보다 큰일도 하리니 이는 내가 아버지께로 감이라

5. 에베소서 1장 20-23절, 빌립보서 2장 9-11절을 읽으십시오. 부활하신 예수님이 받으신 것은 무엇입니까?

(1) 예수님은 현재 어떤 위치에 계십니까?

   - 하나님 보좌 우편에 앉아 계신다.

- '우편'은 통치권의 개념
  - 하나님과 동등한 주권을 가지심

(2) 예수님은 현재 어떤 것들에 뛰어나십니까(엡 1:21)?

    ① 모든 통치와 권세, 능력, 주권

    ② 이 세상과 오는 세상에 일컫는 모든 이름

- 마귀의 세력을 의미한다.

  (이는 메시아의 원수들이 그의 발판이 된다는 시편 110편 1절의 예언을 이룬 것이다.)

- 하나님이 아담에게 주신 통치권은 죄로 인해 제한되었는데, 이제 예수님 안에서 온전하게 이루어지게 되었다.

(3) 하나님 우편에 앉으신 예수님께 주어진 두 가지 결과는 무엇입니까(엡 1:22-23절)?

    ① 우주 만물의 주관자(역사를 다스리시는 분)

    ② 교회의 머리(교회를 다스리시는 분)

- 교회를 다스리시는 분이 예수님이라고 인정한다면 그분이 나의 발걸음을 지금의 교회로 인도하셨음을 믿는가?

보충 빌립보서 2장 9-11절을 읽고 생각해 보자.

① 최고의 명예	• 제자들은 이 이름을 귀하게 여겼다. 그래서 그들은 고난 중에서도 어떻게 행동했는가? 사도행전 5장 41절을 읽고 생각해 보라.
② 최고의 권세	• 예수님이 최고의 권세를 가지신 분임을 알 때 현재 나의 삶은 어떤 모습이 될까? - 나를 주장하기보다는 주님께 겸손히 자신을 의탁하는 모습이 될 것이다.
③ 최고의 영광	• 우리가 어떻게 하면 예수님이 영광을 받으실까? 예) 한 영혼을 회개시켜 믿게 할 때, 또는 주의 이름으로 이웃을 섬길 때 등

* 참고 성구

시 110:1 여호와께서 내 주에게 말씀하시기를 내가 네 원수들로 네 발판이 되게 하기까지 너는 내 오른쪽에 앉아 있으라 하셨도다

빌 2:9-11 ⁹이러므로 하나님이 그를 지극히 높여 모든 이름 위에 뛰어난 이름을 주사 ¹⁰하늘에 있는 자들과 땅에 있는 자들과 땅 아래에 있는 자들로 모든 무릎을 예수의 이름에 꿇게 하시고 ¹¹모든 입으로 예수 그리스도를 주라 시인하여 하나님 아버지께 영광을 돌리게 하셨느니라

행 5:41 사도들은 그 이름을 위하여 능욕받는 일에 합당한 자로 여기심을 기뻐하면서 공회 앞을 떠나니라

6. 예수님의 부활 승천 이후 예수님에 대해 제자들이 가장 강조했던 것은 무엇입니까?

예수님의 부활하심	• 당신은 복음을 전할 때 예수님의 부활 소식을 알리는 것을 주저하지는 않았는가? • 예수님의 부활을 믿는 자가 받는 영향에 대한 깊은 이해가 없어서 이를 전하는 것을 주저하는 경향이 있다. 부활의 실제적인 의미에 대한 이해를 갖도록 동반자를 도와줄 필요가 있다. • 바울은 말과 지혜를 의지하여 전도하지 않고 성령의 역사하심을 의지하여 전도했다. [참고] 고전 2:4-5, 13

고전 2:4-5 ⁴내 말과 내 전도함이 설득력 있는 지혜의 말로 하지 아니하고 다만 성령의 나타나심과 능력으로 하여 ⁵너희 믿음이 사람의 지혜에 있지 아니하고 다만 하나님의 능력에 있게 하려 하였노라

고전 2:13 우리가 이것을 말하거니와 사람의 지혜가 가르친 말로 아니하고 오직 성령께서 가르치신 것으로 하니 영적인 일은 영적인 것으로 분별하느니라

7. 부활을 믿는 신앙이 우리의 실생활에 주는 영향은 무엇입니까?

[보충] 로마서 4장 25절은 무엇을 말하고 있습니까?

- 믿는 우리를 하나님이 의롭게 여기신다는 사실(예수님의 의를 덧입은 성도는 그의 때문에 하나님이 온전히 의롭게 여기신다.)

• 나는 하나님 앞에서 나 자신이 얼마나 의롭다고 여기고 있는가?
  - 칭의(稱義): 우리의 믿음 때문에 하나님이 우리를 의롭다고 여겨 주시는 것을 말한다. [참고] 롬 5:9; 고전 15:17

[보충] 고린도전서 15장 20, 22절은 무엇을 말하고 있습니까?

- 예수님의 부활은 성도의 부활을 보증하는 부활의 첫 열매다.

• 첫 열매라는 말에는 나머지 수확물도 처음 수확한 열매와 같이 된다는 뜻이 있다. [참고] 레 23:10; 출 22:29

• 당신은 부활에 대한 확신과 소망이 있는가? 있다면 이 소망으로 인해 오래 참음의 열매를 맺고 있는가?

[보충] 갈라디아서 2장 20절은 무엇을 말하고 있습니까?

- 나 자신이 삶의 주인으로 행세하려는 것과 자아는 죽고 이제는 부활하신 주님을 마음에 모시고 그분에 대한 믿음으로 살아가는 삶의 방식을 갖게 되었다고 고백하고 있다.

• 갈라디아서 2장 20절 해석:
전반부-그리스도의 죽음이 나의 죽음임을 선포하시는 주님의 말씀에 대해 과거의 나 자신이 썩은 지 오래된 시체임을 깨달은 것을 말한다. 이를 깊이 깨달은 자는 다시는 옛 생활을 반복하지 않을 것이다.
후반부-예수님을 믿은 지금은 새로운 피조물이라는 주님의 선포에 걸맞게 부활의 주님을 경외하여 믿음으로 사는 삶의 방식을 갖게 되었다는 말씀이다.

(1) 로마서 6장 4-5절은 무엇을 말하고 있

• 그리스도인의 거듭남은 하나님과의 영적,

습니까?
- 예수님의 부활은 우리로 하여금 새 생명 가운데 행하게 한다.

인격적 교제의 회복을 뜻한다. 과연 당신은 새 생명 가운데서 행하고 있음을 확신하는가?

보충 빌립보서 3장 10-11절은 무엇을 말하고 있습니까?
- 그리스도의 죽으심을 본받을 때 부활의 능력이 우리의 삶에 구체적으로 나타난다.

• 그리스도의 죽으심을 본받을 때 부활의 권능이 우리의 내면이나 삶의 현장 속에 역사해 절망이 소망으로, 불안이 평안으로 바뀌게 된다.

* 참고 성구

롬 4:25 예수는 우리가 범죄한 것 때문에 내줌이 되고 또한 우리를 의롭다 하시기 위하여 살아나셨느니라

롬 5:9 그러면 이제 우리가 그의 피로 말미암아 의롭다 하심을 받았으니 더욱 그로 말미암아 진노하심에서 구원을 받을 것이니

고전 15:17 그리스도께서 다시 살아나신 일이 없으면 너희의 믿음도 헛되고 너희가 여전히 죄 가운데 있을 것이요

고전 15:20 그러나 이제 그리스도께서 죽은 자 가운데서 다시 살아나사 잠자는 자들의 첫 열매가 되셨도다

고전 15:22 아담 안에서 모든 사람이 죽은 것같이 그리스도 안에서 모든 사람이 삶을 얻으리라

레 23:10 이스라엘 자손에게 말하여 이르라 너희는 내가 너희에게 주는 땅에 들어가서 너희의 곡물을 거둘 때에 너희의 곡물의 첫 이삭 한 단을 제사장에게로 가져갈 것이요

출 22:29 너는 네가 추수한 것과 네가 짜낸 즙을 바치기를 더디 하지 말지며 네 처음 난 아들들을 내게 줄지며

갈 2:20 내가 그리스도와 함께 십자가에 못 박혔나니 그런즉 이제는 내가 사는 것이 아니요 오직 내 안에 그리스도께서 사시는 것이라 이제 내가 육체 가운데 사는 것은 나를 사랑하사 나를 위하여 자기 자신을 버리신 하나님의 아들을 믿는 믿음 안에서 사는 것이라

빌 3:10-11 ¹⁰내가 그리스도와 그 부활의 권능과 그 고난에 참여함을 알고자 하여 그의 죽으심을 본받아 ¹¹어떻게 해서든지 죽은 자 가운데서 부활에 이르려 하노니

8. 예수님의 부활이 역사적 사실이 아니라면 현재 예수님을 믿는 사람들에게 어떤 변화가 있겠습니까(고전 15:14-19)?

거짓 증인이 된다.
여전히 죄 가운데 있게 된다.

• 부활의 소망은 그리스도인의 모든 것을 의미 있게 해 준다.

모든 사람 가운데 가장 불쌍한 자들이 된다. |

9. 당신은 이제 예수님의 부활에 대해서 어떻게 생각합니까?

- 부활은 믿는 자나 믿지 않는 자 모두에게 있다(요 5:28-29).
- 예수님의 부활은 하나님의 구원 계획의 완성이다.
- 이 사실에 대해서 생각하는 바를 서로 나누라.

▎참고 도서
J. N. D. 앤더슨, 《부활의 증거》(IVP, 2011)

▎다음 과를 위한 준비 과제
1. 주일 낮 예배 설교를 요점만 기록하십시오.
2. 마태복음 1-7장을 매일 한 장씩 읽으십시오.
3. 네 번째 만남 "예수를 믿으십시오"를 미리 공부하십시오.

예수를 믿으십시오

■ 이 과의 진행

과제 점검 (15분)	1. 지난 한 주 동안의 삶을 서로 나누십시오. 2. 마태복음 1-7장을 매일 읽었는지 알아보십시오. 　읽은 것에서 인상적인 말씀이 무엇이었는지 알아보십시오. 3. 지난 과의 요점을 간단히 복습하십시오. 4. 주일 설교 말씀을 통해서 받은 은혜를 잠깐 나누십시오.
도입 (5분)	1. 교재의 '도입 말'을 통해 이 과의 중요성을 깨닫고 문제의식을 갖게 하십시오.
교재 토의 (60분)	1. 이 과의 요점을 생각하면서 토의하십시오. 2. 동반자에게 한 단락씩 또는 한 문제씩 읽거나 답하게 한 후 양육자가 보충 　질문과 설명을 하면서 서로 삶을 나누십시오.
마무리 (10분)	1. 이 과의 요점을 살려 결론을 맺으십시오. 2. 이 과에서 받은 은혜를 생각하며 결단의 기도를 드리십시오. 　기도 제목을 나누고 책자 뒤에 있는 〈기도 계획표〉에 기록해 두십시오. 　서로를 위해 간절히 기도하고 끝맺으십시오. 3. 다음 과를 위한 준비 과제와 기타 지시 사항을 알려 주십시오.

* 전체 소요 시간을 약 90분으로 한다.

* 구체적인 형편에 따라 융통성 있게 조정해 가면서 진행한다.

* 찬송가: 542장("구주 예수 의지함이"), 546장("주님 약속하신 말씀 위에 서")

■ 이 과의 요점

1. 하나님이 예수 그리스도 안에서 이루신 구원과 믿음의 능력을 알게 한다.

2. 그리스도에 대한 믿음을 갖도록 결단을 촉구한다.

▌줄거리

1. 제1-3과의 내용 정리(요 3:16)
2. 믿음의 정의(구체적인 행동과 그 의미는?)
3. 믿음의 결과
   - 개인에게 일어나는 변화
   - 주위에 주는 변화
   - 다른 사람들과의 관계
   - 예수님과 교회의 관계
4. 제1단원의 복습(제1-4과)
5. 영접 기도

▌도입 말

예수 그리스도는 우리 인간을 위해서 십자가에서 죽으시고 사흘 만에 부활하셨다. 그러나 이 사실을 아는 것만으로는 이 구원의 사건이 바로 나 자신을 위한 사건으로 다가오지 않는다. 예수 그리스도를 나의 구원의 주로 믿을 때 이미 이루어진 구원의 은혜를 누릴 수 있다. 본 과에서는 이 믿음에 관해 살펴보기로 한다.

▌교재 내용 연구

예수님의 능력을 체험하고 그분의 권세를 실감하기 위해서는 어떻게 해야 한다고 생각하는가? 현재 생각하는 바를 동반자와 글로 간단히 쓰고 나누어 보라.

- 빌립보서 3장 10-11절을 보면 바울은 "그리스도와 그 부활의 권능과 그 고난에 참여함을 알고자 하여 그의 죽으심을 본받"기를 힘썼다는 것을 알 수 있다.

* 참고 성구

빌 3:10-11 ¹⁰내가 그리스도와 그 부활의 권능과 그 고난에 참여함을 알고자 하여 그의 죽으심을 본받아 ¹¹어떻게 해서든지 죽은 자 가운데서 부활에 이르려 하노니

1. 요한복음 3장 16절을 읽으십시오.

(1) 사랑하신 세상은 무엇을 가리킵니까?
- 하나님이 지으신 세상 모든 사람과 자연

- 성경에 나타난 세상의 의미
  a. 요한일서 2장 15절의 "세상": 하나님을 등진 채 형성된 가치관과 문화, 문물, 제도, 기구 등을 총칭한다.

　　　　　　　　　　　　b. 히브리서 11장 3절의 "세상": 창조된 세
　　　　　　　　　　　　　계다.

　　　　　　　　　　　　c. 요한일서 5장 19절의 "세상": 사탄이 지
　　　　　　　　　　　　　배하는 세계다. [참고] 갈 1:4

(2) 예수님이 이 세상을 위해서 하신 일은　　• 두 번째와 세 번째 만남을 복습해 보라.
　　무엇입니까?
　　① 인간을 대신해서 십자가에서 죽으
　　　셨다.
　　② 부활하셔서 우주 만물의 주관자와
　　　교회의 머리가 되어 다스리신다.

(3) 이 예수 그리스도를 어떻게 해야 영생　　• [참고] 요 6:47, "믿는 자는 영생을 가졌나니."
　　을 얻을 수 있습니까?　　　　　　　　　• 이 말의 의미는?
　　- 믿어야 한다.　　　　　　　　　　　　(이미 선포된 복음을 내가 받아들이는 것이다. 복음은
　　　　　　　　　　　　　　　　　　　　　예수님이 나를 대신해서 죽으시고 나의 의를 위해서 부
　　　　　　　　　　　　　　　　　　　　　활하셨다는 것을 알고 그 예수 그리스도를 나의 구주로
　　　　　　　　　　　　　　　　　　　　　영접하는 것이다.)
　　　　　　　　　　　　　　　　　　　　• 믿음의 대상: 예수 그리스도
　　　　　　　　　　　　　　　　　　　　• 믿음의 내용: 그분의 십자가의 죽음과 부활
　　　　　　　　　　　　　　　　　　　　• 믿음의 행위: 마음으로 믿고 입으로 시인
　　　　　　　　　　　　　　　　　　　　　하는 것

* 참고 성구

요일 2:15 이 세상이나 세상에 있는 것들을 사랑하지 말라 누구든지 세상을 사랑하면 아버지의
사랑이 그 안에 있지 아니하니

히 11:3 믿음으로 모든 세계가 하나님의 말씀으로 지어진 줄을 우리가 아나니 보이는 것은 나타
난 것으로 말미암아 된 것이 아니니라

요일 5:19 또 아는 것은 우리는 하나님께 속하고 온 세상은 악한 자 안에 처한 것이며

갈 1:4 그리스도께서 하나님 곧 우리 아버지의 뜻을 따라 이 악한 세대에서 우리를 건지시려고
우리 죄를 대속하기 위하여 자기 몸을 주셨으니

2. 예수님을 믿는다는 것은 구체적으로 어떤 행동을 의미 혹은 포함합니까?

(1) 로마서 10장 9-10절을 보면:
- 마음으로 믿고 입으로 시인하는 것

- 구원의 여부는 개인의 신앙에 달려 있다. 그런데 그 신앙은 공적인 고백을 통해서 분명해진다. "고백 없는 신앙은 죽은 신앙이고, 신앙 없는 고백은 거짓된 고백이다."
- 마음으로 믿는다는 것: 전 인격적인 믿음을 뜻한다. [참고] 마 7:21; 사 29:13
- 입으로 시인하는 것이 왜 중요한가?
  (사람 앞에서 주님을 시인하지 않을 때 주님도 그를 아버지 앞에서 시인하지 않겠다고 하셨다. [참고] 마 10:32-33)
- '의에 이름'과 '구원에 이름': 전자는 마음으로 믿음으로써, 후자는 마음에 믿는 바를 다른 사람 앞에서 말함으로써 이루어진다. 결국 둘 다 '믿음'으로 된다. "몸으로 하나님과 화목하게 하려 하심이라"(엡 2:16).

(2) 요한복음 1장 12절을 보면:
- 영접하는 것
- 그 이름을 믿는 것

- 영접하지 않은 예: 사 1:2-3
- '그 이름을 믿는다'는 것은 예수님을 하나님의 뜻을 나타내 주고 나의 죄를 대속해 주시는 구세주로 고백하는 것이다.

(3) 사도행전 2장 38절을 보면:
- 회개하는 것
- 세례 받는 것

- 회개는 하나님을 등졌던 사람이 하나님을 향해 살겠다고 결단하는 것이다.
- 세례는 예수님을 믿음으로써 죄 씻음 받았음을 상징하는 공적 예식이다.

* 참고 성구

마 7:21 나더러 주여 주여 하는 자마다 다 천국에 들어갈 것이 아니요 다만 하늘에 계신 내 아버지의 뜻대로 행하는 자라야 들어가리라

사 29:13 주께서 이르시되 이 백성이 입으로는 나를 가까이하며 입술로는 나를 공경하나 그들의 마음은 내게서 멀리 떠났나니 그들이 나를 경외함은 사람의 계명으로 가르침을 받았을 뿐이라

마 10:32-33 ³²누구든지 사람 앞에서 나를 시인하면 나도 하늘에 계신 내 아버지 앞에서 그를 시

인할 것이요 ³³누구든지 사람 앞에서 나를 부인하면 나도 하늘에 계신 내 아버지 앞에서 그를 부인하리라

사 1:2-3 ²하늘이여 들으라 땅이여 귀를 기울이라 여호와께서 말씀하시기를 내가 자식을 양육하였거늘 그들이 나를 거역하였도다 ³소는 그 임자를 알고 나귀는 그 주인의 구유를 알건마는 이스라엘은 알지 못하고 나의 백성은 깨닫지 못하는도다 하셨도다

3. 예수님을 믿은 결과 개인에게 어떤 변화가 일어납니까(요 5:24)?

(1) 현재의 상태:
- 영생을 얻어 누리고 있다.

- [참고] 요 5:24(표준새번역), "영생을 얻고, 심판을 받지 않는다. 그는 죽음에서 생명으로 옮겨 갔다."
  - '얻고', '받지 않는다'는 현재 능동태로, 현재 계속되고 있는 상태를 말하고, '옮겨 갔다'는 완료형으로 이미 이뤄진 상태를 말한다.

(2) 미래의 약속:
- 심판에 이르지 않는다.

- 정죄를 당하지 않는다는 뜻이다(롬 8:1).

(3) 과거의 변화:
- 사망에서 생명으로 옮겨졌다.

- 믿는 자의 현주소가 어떻게 달라졌는가를 생각해 보라.
  죄와 사망의 법에서 해방됨(롬 8:2)
  흑암의 권세에서 예수의 나라로 옮김(골 1:13)
- 이 세 가지 중에서 아직 믿어지지 않는 것이 있는가?

* 참고 성구

롬 8:1-2 ¹그러므로 이제 그리스도 예수 안에 있는 자에게는 결코 정죄함이 없나니 ²이는 그리스도 예수 안에 있는 생명의 성령의 법이 죄와 사망의 법에서 너를 해방하였음이라

골 1:13 그가 우리를 흑암의 권세에서 건져 내사 그의 사랑의 아들의 나라로 옮기셨으니

4. 예수님을 믿은 결과 그 주위에 어떤 변화를 기대할 수 있습니까?

(1) 가정(행 16:30-31)
- 믿는 자의 집이 구원을 얻는다.

(2) 이웃(요일 4:11)
- 이웃을 사랑할 수 있게 된다.

- 먼저 믿은 자의 중보 기도와 헌신을 통해 하나님은 그의 가족 모두를 구원하신다.

- 하나님의 사랑은 하나님의 아들이신 예수님의 십자가 죽음에서 온전히 나타났고 성령을 통해서 우리 안에 온전히 부어졌다. [참고 롬 5:5]

- 사랑을 받아 본 자만이 남을 사랑할 수 있다. 그리스도인은 하나님의 사랑을 맛보았기에 이웃을 사랑할 수 있다. 받고 깨달은 만큼 사랑할 수 있다.

- 이웃에 대한 나의 사랑은 어떤가? 옆집 사람, 직장 동료 등에 대한 나의 사랑을 구체적으로 생각해 보라.

(3) 사회(마 5:13-16)
- 사회에서 빛과 소금의 역할을 할 수 있게 된다.

- 하나님은 누가 세상의 부패를 방지하고 어둠을 물리칠 수 있다고 생각하시는가?
(오직 그리스도인만이 할 수 있다고 판단하신다.)

- 이에 대해서 우리 자신은 어떻게 생각하는지 서로 나누어 보라. 불교 신자 또는 믿지 않는 양심가도 빛과 소금이 될 수 있다고 할 수 있지 않을까?

- 당신은 이 어둠의 세상에 대해 어떤 태도를 취하고 있는가? 직장에서 구체적으로 어떻게 하고 있는지 서로 나누어 보라.
[참고 엡 5:8, 13]

우리는 빛이다. 이 빛을 세상에 적극적으로 비춰 그 어둠을 책망하고, 세상도 빛이 되게 해야 한다.

* 참고 성구

롬 5:5 소망이 우리를 부끄럽게 하지 아니함은 우리에게 주신 성령으로 말미암아 하나님의 사랑이 우리 마음에 부은 바 됨이니

엡 5:8 너희가 전에는 어둠이더니 이제는 주 안에서 빛이라 빛의 자녀들처럼 행하라

엡 5:13 그러나 책망을 받는 모든 것은 빛으로 말미암아 드러나나니 드러나는 것마다 빛이니라

5. 예수님을 믿음으로써 우리는 하나님과의 관계에서 하나님의 백성과 자녀가 됩니다(벧전 2:9; 요 1:12).

이미 믿고 있는 다른 사람들과는 어떤 관계를 갖게 됩니까(롬 12:5)?

  - 서로 지체가 된다.

• 고린도전서 12장 14-27절을 보면, 지체로서의 유기체적인 관계가 묘사되어 있다.

(이 내용을 묵상해 오도록 과제를 내 주라.)

• 지체 의식이란 무엇인가?

  - 이것은 내가 예수님의 몸의 한 지체이며, 다른 성도들은 같은 몸에 붙어서 생사고락을 함께해야 하는 지체임을 말한다.

• 우리에게 지체 의식이 있는지 서로 알아보라.

* 참고 성구

벧전 2:9 그러나 너희는 택하신 족속이요 왕 같은 제사장들이요 거룩한 나라요 그의 소유가 된 백성이니 이는 너희를 어두운 데서 불러내어 그의 기이한 빛에 들어가게 하신 이의 아름다운 덕을 선포하게 하려 하심이라

요 1:12 영접하는 자 곧 그 이름을 믿는 자들에게는 하나님의 자녀가 되는 권세를 주셨으니

6. 예수님을 믿는 사람들은 교회를 이루게 됩니다. 성경은 예수님과 교회의 관계를 어떻게 묘사합니까(엡 5:23)?

  - 이와 같은 지체들로 구성된 유기체가 교회라고 한다면 이 교회와 예수님의 관계는 어떤지를 묻는 질문이다.

그리스도가 교회의 머리가 되신다.

• 그리스도가 교회의 머리가 되신다는 것은 통치자보다는 구원자의 의미가 강하다.

• 교회 생활을 하면서 이 같은 관계를 얼마나 의식하며 지내는가? 구체적으로 현재 내가 맡고 있는 직분이 주님이 맡겨 주신 것이라는 확신이 있는가? **소명 의식**

• 이런 확신이 있을 때 비로소 충성할 수 있다.

이것이 없으면 인간적인 열심이 있더라도 하나님의 뜻을 저버리는 불충성에 빠질 수 있다.

* 참고 성구

행 20:28 여러분은 자기를 위하여 또는 온 양 떼를 위하여 삼가라 성령이 그들 가운데 여러분을 감독자로 삼고 하나님이 자기 피로 사신 교회를 보살피게 하셨느니라

7. 복습해 봅시다.

(1) 당신이 알게 된 예수 그리스도를 믿기 원합니까?

- 하나님은 당신의 영혼을 천하보다도 더 사랑하신다. 이런 당신 자신을 진실로 사랑하는 길이 무엇이라고 생각하는가? **자신의 죄 문제에 진실하게 직면하고 예수님을 믿는 것이다.**

(2) 예수를 믿는다면 그분의 몸의 지체로서 교회에 소속되기를 원합니까?

- 하나님은 당신의 신앙 성장을 위해 교회를 예비하셨다. 즉 교회 공동체를 통해 성장하도록 계획하셨다. [참고] 엡 4:15-16

* 참고 성구

엡 4:15-16 15오직 사랑 안에서 참된 것을 하여 범사에 그에게까지 자랄지라 그는 머리니 곧 그리스도라 16그에게서 온몸이 각 마디를 통하여 도움을 받음으로 연결되고 결합되어 각 지체의 분량대로 역사하여 그 몸을 자라게 하며 사랑 안에서 스스로 세우느니라

8. 이제 새로운 결심을 하면서 당신의 생각을 하나님께 말해 보십시오.

- 새롭게 결심한 것을 말하게 하고 영접을 위한 기도를 하도록 하라. (다음 〈영접 기도문〉을 이용해서 같이 하도록 하라.)
- 새로이 결심한 바를, 기도하는 마음으로 글로 써 오게 하는 것이 바람직하다.

┌─ **영접 기도문**

주 예수님, 저는 제가 지금까지 죄를 지어 온 것을 알고 이제 진실로 저의 죄를 회개합니다. 주님! 제 마음속에 오셔서 저의 죄를 용서해 주십시오. 저를 위해 십자가에서 돌아가신 주님께 진심으로 감사드립니다. 저는 지금 이 시간 주님을 저의 구주로 영접합니다. 저를 사랑해 주시는 주님, 감사합니다. 예수님의 이름으로 기도합니다. 아멘!

▋ 참고 도서

플로이드 C. 맥켈빈, 《안 믿을 수 없는 예수》(두란노, 2011)

▋ 다음 과를 위한 준비 과제

1. 시편 1, 5, 119편을 매일 읽으십시오.
2. 제2단원 "교제: 큐티의 이론과 실제"를 예습하십시오.
3. 주일 설교를 요점만 기록하십시오.

교제: 큐티의 이론과 실제

■ 이 과의 진행

과제 점검 (15분)	1. 지난 한 주 동안의 삶을 서로 나누십시오. 2. 시편 1, 5, 119편을 매일 읽었는지 알아보십시오. 　읽은 것에서 인상적인 말씀이 무엇이었는지 알아보십시오. 3. 지난 과의 요점을 간단히 복습하십시오. 4. 주일 설교 말씀을 통해서 받은 은혜를 잠깐 나누십시오.
도입 (5분)	1. 교재의 '도입 말'을 통해 이 과의 중요성을 깨닫고 문제의식을 갖게 하십시오.
교재 토의 (60분)	1. 이 과의 요점을 생각하면서 토의하십시오. 2. 동반자에게 한 단락씩 또는 한 문제씩 읽거나 답하게 한 후 양육자가 보충 　질문과 설명을 하면서 서로 삶을 나누십시오. 3. 강조해야 할 점 　(1) 큐티의 필요성과 중요성을 알게 할 것 　(2) 큐티의 목적을 실제적인 삶과 연관시켜서 깨닫게 할 것 　(3) 큐티를 어떻게 하며 주의해야 할 점이 무엇인지 알려 줄 것 　(4) 큐티를 실제적으로 행할 수 있도록 격려하며 도와줄 것
마무리 (10분)	1. 이 과의 요점을 살려 결론을 맺으십시오. 2. 이 과에서 받은 은혜를 생각하며 결단의 기도를 드리십시오. 　기도 제목을 나누고 책자 뒤에 있는 〈기도 계획표〉에 기록해 두십시오. 　서로를 위해 간절히 기도하고 끝맺으십시오. 3. 다음 과를 위한 준비 과제와 기타 지시 사항을 알려 주십시오.

* 전체 소요 시간을 약 90분으로 한다.

* 구체적인 형편에 따라 융통성 있게 조정해 가면서 진행한다.

* 찬송가: 436장("나 이제 주님의 새 생명 얻은 몸"), 442장("저 장미꽃 위에 이슬")

■ 이 과의 요점

1. 경건의 시간(Quiet Time)이 무엇이며 왜 필요한지 알게 한다.
2. 경건의 시간은 어떻게 하는 것인지 실습해 본다.
3. 경건의 시간을 계속 갖도록 격려한다.

❚ 줄거리

1. 큐티의 정의
2. 예수님의 모범
    - 어떤 일로 하루를 보내셨는가?
    - 바쁘신 일과 중에 가장 중요한 시간은?
    - 아침에 가장 먼저 하신 일은?
3. 다윗의 사례
4. 큐티의 유익
5. 큐티의 방법
    - 〈생명의삶〉 활용
    - 말씀 묵상 방법
    - 바람직한 적용 방법
    - 실천을 위한 조언
6. 큐티의 실제 연습

❚ 도입 말

예수님을 구주로 영접한 그리스도인이 인격적으로 변화되고 영적으로 성장하기 위해서는 어떻게 해야 할까? 하나님의 말씀인 성경을 읽고 묵상하는 일과 기도하는 일을 즐겨 행해야 한다. 이를 위한 실제적이고 효과적인 방법이 큐티(QT), 즉 경건의 시간을 갖는 것이다. 예수 그리스도를 믿기 전과 믿은 이후의 생활의 변화에 대해서 서로 나누기를 바란다. 양육자가 먼저 자신의 경건 생활을 말해 주라.

자신의 하루 생활 속에서 하나님과의 교제가 깊어지기 위해 시간과 방법을 어떻게 사용하고 있는지 나누면 좋을 것이다.

▌교재 내용 연구

1. 예수님은 어떤 일로 하루를 바쁘게 보내셨습니까(마 4:23)?

구원 사역을 감당하기 위해 하루 종일 두루 다니셨다.

- 세 가지 동사를 관찰해 보라("가르치시며", "전파하시며", "고치시니"). 이것은 예수님이 세상에 오신 목적을 설명해 준다.
- 자신의 사역을 감당하기 위해 최선을 다해서 하루를 보내셨다.
- 우리는 하루를 어떻게 보내는가? 가장 많은 시간을 보내는 일부터 차례로 말해 본다.
- 자신의 하루 생활 중 잃어버린 시간이 얼마나 되는지 생각해 보자.

2. 누가복음 5장 15-16절을 읽으십시오. 예수님이 바쁜 일과 중에서 가장 중요하게 생각하신 시간은 무엇입니까? 구체적으로 생각해 보십시오.

한적한 곳을 찾아 기도하시는 것

- 예수님의 사역을 가능하게 했던 원동력은 기도에 있었다.
- 우리 삶의 원동력은 어디에 있는가? 물질인가? 재능인가? 경험인가?
  기도에서 얻는 은혜와 힘
- 오늘 가장 중요한 일이 무엇이라고 생각하는가?
  하나님께 나아가 말씀 듣고 기도하는 일

3. 예수님이 하루 일과를 시작하기 전 이른 아침에 가장 먼저 하신 일이 무엇입니까? 당신의 아침 시간은 어떻습니까?

새벽 아직도 밝기 전에 한적한 곳으로 가서 기도하셨다(막 1:35).

- 성부 하나님과 성자 예수님은 끊임없이 영적 교제를 나누셨다.
- 하나님과 독대의 시간을 갖는가?
- 일어나자마자 가장 먼저 하는 일은 무엇인가? 또 가장 먼저 떠오르는 생각은 무엇인가?

4. 시편 5편 3절과 시편 143편 8절을 읽고 다윗이 하나님과 함께 어떻게 시간을 가졌는지 요약하십시오.

(1) 아침에 주의 말씀을 들음	• 하나님의 마음에 합한 사람이 되기 위해서는 하나님의 말씀을 들어야 한다.
(2) 주님을 의뢰함	• 말씀을 듣는 올바른 영적 자세는 의뢰, 즉 믿음이다.
(3) 주님의 인도를 소망함 (나의 길을 깨달음)	• 우리가 다닐 길을 주님은 아시고 또한 계획하신다. 그분의 인도하심에 하루를 맡기고 시작하는가? 아니면 내 마음대로 하루를 지내는가?
(4) 주께 기도하고 바라봄	• 깨달은 말씀을 가지고 기도하도록 한다. 그리고 오늘 하나님이 나의 삶에 주실 약속과 은혜를 바라보며 기대한다.

4-1. 개인적으로 성경을 읽고 공부하고, 시간을 내어 기도도 합니다. 그렇다면 나도 큐티를 하고 있는 것입니까?

(1) 성경 공부와 큐티는 다르다.	• 성경을 읽고 공부하는 것도 중요하다. • 성경 공부가 많은 시간을 집중적으로 하는 것이라면, 큐티는 매일 일정한 시간을 들여서 규칙적으로 하는 것이다. • 성경 공부는 객관적 이해에 중점을 두고, 큐티는 주관적 적용에 중점을 둔다.
(2) 기도 시간과 큐티는 다르다.	• 큐티에 기도가 포함되지만, 기도가 곧 큐티는 아니다. '기도하면 됐지, 큐티까지 할 필요가 있느냐?' 또는 '큐티를 하니까 특별히 시간을 정해 놓고 기도할 필요는 없지 않나?' 하고 생각하지는 않는가?

5. 그리스도인으로서 큐티를 해야 하는 이유와 목적을 생각해 보십시오.

(1) 하나님과의 개인적인 교제를 위해

- 하나님은 우리와 교제하기 위해 기다리고 계신다. 우리의 마음 문을 두드리고 계신다. 교제가 없으면 답답해하신다.

(2) 하나님의 인도와 보호를 받기 위해
  ① 인도
   "주의 말씀은 내 발에 등이요 내 길에 빛이니이다"(시 119:105).
  ② 보호
   "나의 발걸음을 주의 말씀에 굳게 세우시고 어떤 죄악도 나를 주관하지 못하게 하소서"(시 119:133).

- 인생이라는 항해에 필요한 길잡이가 곧 하나님 말씀이다.
- 당신의 삶은 누구의 인도를 받아 왔는가?

- 때때로 풍랑과 바람이 일 때 참된 위로와 평안을 주신 분은 누구인가?
  - 오직 주님이시다.

(3) 주님의 성품과 인격, 생활을 닮기 위해
  (고후 3:18)

- 죄를 깨닫게 되고 그것으로부터 멀어지게 되는 비결은 하나님의 말씀에 있다.
- 우리는 성령으로 말미암아 현재의 영광(주의 자녀)에서 미래의 영광(영화)으로 주의 형상을 닮아 가고 있다(고후 3:18).

(4) 주님의 사역을 감당하기 위해
  (눅 5:15-16; 막 1:35)

- 예수님도 사역을 감당하기 위해서 깊은 영적 교제를 가지셨다. 하물며 우리는 어떻게 해야 하겠는가?
- 우리는 앞의 네 가지 목적을 위해 큐티에 힘쓰고 있는가? 그렇지 못하다면 어떤 점에서인가? 서로 나누어 보라.

*** 참고 성구**

롬 8:39 높음이나 깊음이나 다른 어떤 피조물이라도 우리를 우리 주 그리스도 예수 안에 있는 하나님의 사랑에서 끊을 수 없으리라

6. 큐티를 하는 데 절대적으로 정해진 방법이 있는 것은 아닙니다. 그러나 처음 시작하는 분을 돕고, 또 계속하도록 하기 위해 〈생명의삶〉을 교재로 사용하면 다음과 같은 이점이 있습니다.

(1) 매일 필요한 말씀을 영의 양식으로 공급받을 수 있습니다.

(2) 적당한 양의 본문을 묵상할 수 있습니다.

(3) 빠지지 않고 정규적으로 할 수 있게 해 줍니다.

(4) 성경 말씀을 고르게 묵상하도록 해 줍니다.

(5) 어려운 본문을 이해하는 데 도움이 됩니다.

7. 큐티를 어떻게 시작해야 할지 구체적으로 살펴봅시다(PRESS 방법).

☐ **P**ray for a Moment 　　　잠깐 기도하십시오.

☐ **R**ead His Word 　　　　　말씀을 읽으십시오.

☐ **E**xamine His Word 　　　말씀을 묵상하십시오.

☐ **S**ay Back to God 　　　　말씀의 결과를 가지고 다시 기도하십시오.

☐ **S**hare With Others 　　　받은 은혜를 다른 사람들과 나누십시오.

(1) 찬양으로 시작하십시오.

• 찬양은 나의 닫혔던 마음의 문을 하나님께 여는 데 도움이 된다(시 119:12).

(2) 성령의 도우심을 구하십시오.

• [참고] 시 119:18, 102; 요일 2:27

(3) 말씀을 듣는 것으로 시작하십시오.

• 세 번 읽는다.

① 첫 번째 읽기: 소리 내어 읽으면서 전체 대의를 파악한다.

② 두 번째 읽기: 조용히 다시 읽으면서 주제, 제목을 찾는다.

③ 세 번째 읽기: 요약하면서 자신의 표현으로 노트에 기록한다.

* 참고 성구

시 119:12 찬송을 받으실 주 여호와여 주의 율례들을 내게 가르치소서

시 119:18 내 눈을 열어서 주의 율법에서 놀라운 것을 보게 하소서

시 119:102 주께서 나를 가르치셨으므로 내가 주의 규례들에서 떠나지 아니하였나이다

요일 2:27 너희는 주께 받은 바 기름 부음이 너희 안에 거하나니 아무도 너희를 가르칠 필요가 없

고 오직 그의 기름 부음이 모든 것을 너희에게 가르치며 또 참되고 거짓이 없으니 너희를 가르치신 그대로 주 안에 거하라

보충 (3-1) 연구 단계: 어려운 말이나 구절에 대해서 연구하고, 성경 말씀이 기록된 삶의 정황 등을 성경 사전이나 주석서 같은 것을 통해 살펴본다.

(3-2) 영적 교훈을 파악하는 단계: 본문을 통해 하나님이 말씀하시고자 하는 것을 깨달아야 한다. 이것은 일반적이고 보편적이며 시대를 초월해서 주시는 교훈이다.

(4) 구체적으로 적용하십시오.

■ **기록의 유익한 점**

① 깊은 묵상을 하도록 훈련시켜 준다.

② 적용을 이끌어 내기 쉽다.

③ 영적 감격을 보존하고 시간이 지난 후 다시 도전을 받을 수 있다.

④ 자기 평가의 거울이 된다.

(5) 적용의 결과를 가지고 결단의 기도를 하십시오.

(6) 체험된 말씀을 서로 나누십시오.

■ **나눔의 중요성**

① 지나치게 주관적으로 치우치는 것을 방지해 준다.

② 타인이 깨달은 바를 공유할 수 있다.

③ 나눔을 통해서 자기 정리가 된다.

• 나눔이 없으면 '맹인 코끼리 만지는 식'이 되기 쉽다. 서로 나눔으로써 전체적인 교훈에 접근할 수 있다.

8. 시편 119편 15, 97절에서는 말씀 묵상을 강조합니다. 말씀을 묵상하는 것과 단순히 읽는 것은 어떤 차이가 있습니까?

단순히 읽는 것이 '객관적 이해'에 초점이 있다면, 묵상은 하나님의 성품과 계획을 깨닫는 데서 오는 '나의 삶의 변화'에 초점이 있다.

• 비유하자면, 묵상은 보석을 단순히 보는 것에 그치지 않고 그 재질과 아름다움, 가치 등을 면밀히 살펴보는 것과 같다.

■ 묵상의 이점
① 묵상을 통해 나를 향한 하나님의 뜻을 알게 된다.
② 하나님이 내게 주신 말씀을 종일 묵상함으로써 그 말씀이 내 안에서 살아 움직이게 된다. 이것이 나를 변화시키는 원동력이 된다.

• 우리는 말씀을 듣고 굉장히 자주 잊어버리고 지나쳐 버리고 있다. 그 이유는 어디에 있다고 생각하는가? (묵상이 없기 때문이다. 잉태하는 수고와 해산하는 고통이 없으면 귀함과 사랑스러움을 모른다. 말씀도 묵상이 없으면 마음에 새겨지지 않는다.)

■ 묵상할 때 생각할 점(SPACE)
자백해야 할 죄(Sin to confess)
붙잡을 약속(Promise to claim)
피해야 할 행동(Action to avoid)
순종해야 할 명령(Commands to obey)
따라야 할 모범(Examples to follow)

9. 말씀의 바람직한 적용을 위해서는 다음 세 가지 요소가 필요합니다.

(1) 개인적이어야 합니다(Personal).

• 하나님이 '나'에게 주신 메시지다.
• 하나님과의 인격적인 관계 속에서 '나'를 성찰해 보아야 한다.

(2) 구체적이어야 합니다(Practical).	• 하나님이 나에게 요구하시는 것은 무엇인가? (명령, 책망, 모범, 약속, 원리 등 여러 면에서 생각해 본다. SPACE) • 하나님의 말씀에 내가 오늘 어떻게 응답할 수 있는가?
(3) 가능한 일이어야 합니다(Possible).	• 큐티는 추상적인 관념으로 끝나서는 안 된다. 삶의 실질적인 변화를 도모한다. 이를 위해 나는 무엇을 해야 할까?

■ 적용할 때 주의할 점
① 개인의 유익을 위해 성경 말씀을 자기 상황에만 맞춤으로써 자신의 욕구를 합리화시켜서는 안 된다. 성경을 통해서 하나님이 나에게 말씀하시도록 마음을 비우고 귀를 기울여야 한다.
② 교리화시키는 것은 가급적 피해야 한다.
③ 남에게 적용하는 것은 삼간다.
④ 너무 적용만을 강조하지 않도록 한다.
⑤ 큐티는 오랜 훈련을 쌓아야 가능하다. 그러므로 서두르지도 말고, 방법론에 너무 얽매이지도 말고, 솔직하고 겸허하게 말씀을 대하도록 한다.
⑥ 타성에 젖지 않도록 해야 한다. 큐티는 주님을 만나는 시간이라는 근본적인 깨달음이 필요하다.

10. 큐티의 유익을 알더라도 규칙적으로 꾸준히 하기는 쉽지 않습니다. 성실하게 하기 위해서 다음의 조언을 참고하십시오.

(1) 경건 생활에는 훈련이 필요합니다 (딤전 4:7).
 - 훈련을 위해서는 자신의 생활을 절제할 필요가 있습니다(고전 9:25-26).

• 큐티는 그 전날 밤부터 시작하는 것이다. 즉 일찍 자야 한다.
• 먼저 양육자 자신의 고민을 솔직하게 터놓는 것이 좋다. 그리고 큐티를 했을 때 하루

당신의 생활에서 큐티를 하는 데 방해되는 것들은 무엇입니까?
예) 수면 부족, TV 청취, 신문 구독, 우선순위의 불분명 등

삶이 어떻게 달라지는지 말해 준다.
• 나누어진 문제를 놓고 함께 중보 기도를 한다. 이때 큐티를 지속적으로 하겠다는 결단의 기도도 한다.
• 큐티에 도움이 되는 큐티 자료집 등을 읽는다.

훈련

훈련이란 말에는 '벌거벗고 훈련한다'(to exercise naked)라는 뜻이 있다. 큐티 훈련에 있어서 첫 번째로 해야 할 일은 벗는 것이다. 큐티에 방해가 되는 것들을 주님의 십자가 밑에 내려놓는 것이다.

---

(2) 큐티를 점검하거나 같이 나눌 분을 정하십시오(히 10:24-25).
　- 서로 돌아보아 격려한다.

• 큐티를 지속적으로 하기 위해서는 서로 나누며 격려해 줄 수 있는 사람이 반드시 필요하다.
• 일대일 훈련 기간 중에 서로 계속 점검해 줄 것을 약속하자. 단, 매일 못 할 것에 대한 두려움은 버리자.
• 순모임을 비롯한 소그룹 큐티의 나눔과 격려는 매우 중요하다.
• 서로 나눔으로써 자신의 큐티가 치우치는 것을 방지할 수 있다.

(3) 실패하더라도 낙심하지 말고 그날부터 다시 계속하십시오.

• 큐티를 못 하고 빠뜨린 것이 문제가 아니라, 다시 시작하지 못 하는 것이 문제다.

■ 기타 주의할 점
큐티에 우선순위를 두고 행하는 것이 중요하다. 왜냐하면 일에 쫓겨서 하나님 말씀을 대하는 것을 소홀히 하기 쉽기 때문이다.

큐티의 방식은 말씀 읽기부터 적용까지의 과정에 따라, 다음과 같이 네 가지 유형으로 나누어 볼 수 있다.

큐티 유형	내용 파악	연구 및 묵상	영적 교훈(느낀 점)	구체적 적용
A형			◎	
B형	◎		◎	
C형	◎		◎	◎
D형	◎	◎	◎	◎

신앙생활을 하고 있는 사람이라면 적어도 최소한 A형으로 성경을 읽는다고 볼 수 있다. 큐티를 처음 시작하는 경우에 처음부터 완벽한 D형으로 하게 되면 어려움을 느껴 금방 중단하기 쉽다. 그러므로 처음에는 B형으로 시작하다가, 점차 C형, D형으로 발전시켜 나가는 것이 바람직하다.

11. 이제까지 배운 방법에 따라 큐티를 실제로 해 봅시다.

(1) 본문은 요한복음 8장 1-11절입니다.

- 큐티를 처음 소개받는 이에게는 실제로 해 보는 것이 매우 유익하다. 큐티를 해 보고 서로 나누면서 바로잡아 줄 점들을 일러 주는 것이 바람직하다.

(2) 큐티의 내용을 서로 나누어 봅시다.

- 큐티해 온 것을 양육자가 먼저 나누는 것이 좋다.
- 큐티를 나눌 때 말씀 내용을 가르치려고 하지 말라. 격려하고 인정해 줌으로써 계속할 수 있도록 돕는 것이 중요하다.

┃ 참고 도서

강준민, 《묵상과 영적 성숙》(두란노, 2011)
이상규, 《에덴의 삶을 회복하는 큐티》(두란노, 2011)
송원준, 《영성이 깊어지는 큐티》(두란노, 2000)

서승동,《묵상, 하나님을 알아 가는 시작입니다》(예수전도단, 2011)

김원태,《큐티 리더, 누구나 할 수 있다》(두란노, 2002)

이기훈,《큐티 사랑》(두란노, 2007)

▌다음 과를 위한 준비 과제

1. 주일 낮 예배 설교를 요점만 기록하십시오.

2. 요한복음 1-7장을 매일 한 장씩 읽으십시오.

3. 첫 번째 만남 "구원의 확신"을 미리 공부하십시오.

4. 큐티를 하십시오.

5. 요한복음 5장 24절과 요한일서 5장 13절을 암기하십시오.

성장: 일대일 양육 성경 공부

■ 이 과의 진행

과제 점검 (15분)	1. 지난 한 주 동안의 삶을 서로 나누십시오. 2. 요한복음 1-7장을 매일 읽었는지 알아보십시오. 　읽은 것에서 인상적인 말씀이 무엇이었는지 알아보십시오. 3. 지난 과의 요점을 간단히 복습하십시오. 4. 이 과의 성구를 반복해서 암송시키십시오.(요 5:24; 요일 5:13) 5. 주일 설교 말씀을 통해서 받은 은혜를 잠깐 나누십시오.
도입 (5분)	1. 교재의 '도입 말'을 통해 이 과의 중요성을 깨닫고 문제의식을 갖게 하십시오.
교재 토의 (60분)	1. 이 과의 요점을 생각하면서 토의하십시오. 　(1) 이 과의 열 가지 질문에 대답하게 하십시오. 너무 무리하지 않게 천천 　　히 진행하십시오. 　(2) 만일 동반자가 "아니요" 또는 "모르겠습니다"라고 대답하는 경우에는 　　구원의 확신이 생길 때까지 좀 더 많은 시간을 할애하십시오. 2. 동반자에게 한 단락씩 또는 한 문제씩 읽거나 답하게 한 후 양육자가 보충 　질문과 설명을 하면서 서로 삶을 나누십시오.
마무리 (10분)	1. 이 과의 요점을 살려 결론을 맺으십시오. 2. 이 과에서 받은 은혜를 생각하며 결단의 기도를 드리십시오. 　기도 제목을 나누고 책자 뒤에 있는 〈기도 계획표〉에 기록해 두십시오. 　서로를 위해 간절히 기도하고 끝맺으십시오. 3. 다음 과를 위한 준비 과제와 기타 지시 사항을 알려 주십시오.

* 전체 소요 시간을 약 90분으로 한다.
* 구체적인 형편에 따라 융통성 있게 조정해 가면서 진행한다.
* 찬송가: 288장("예수를 나의 구주 삼고"), 289장("주 예수 내 맘에 들어와")

■ 이 과의 요점

1. 구원의 확신이 있는지 점검하고, 확신을 갖도록 도와준다.
2. 믿음을 지, 정, 의 등 세 측면에서 살펴봄으로써 구원의 확신을 견고히 한다.

▌줄거리

서언: 구원의 확신을 점검하는 열 가지 질문들

1. 지적인 이해

    (1) 예수 그리스도는 누구신가?

    (2) 예수 그리스도는 어떤 일을 하셨는가?

    (3) 그분은 지금 무엇을 하고 계시는가?

    (4) 당신은 예수를 믿어야 한다.

2. 감정적인 체험

    (1) 신앙에는 감정적인 반응이 있다.

    (2) 감정적인 반응은 서로 다르다.

    (3) 감정에 의존하지 말라.

    (4) 감정은 말씀과 믿음의 결과다.

3. 의지적인 결단

    (1) 예수님은 젊은 관원에게 무엇을 요구하셨나?

    (2) 거지 맹인은 어떻게 그의 신앙을 표현했나?

4. 구원받은 신앙의 확증

▌도입 말

'구원의 확신'이란 자기가 구원받았다는 사실을 조금도 의심하지 않고 있는 신앙 상태를 가리키는 말이다. 그런데 이 확신을 갖지 못하는 이유는 믿음에 대해 바로 이해하지 못하기 때문인 경우가 많다. 그래서 하나님의 말씀에 기초하지 않은 미신적인 모습, 감정에 치우친 변덕스런 모습, 그리고 의지적인 결단이 결여된 모습 등 다양한 신앙 상태가 나타나는 것이다. 이 과를 통해 지성, 감정, 의지의 세 측면에서 믿음을 고찰함으로써, 우리는 견고한 구원의 확신을 가질 수 있을 것이다.

▌교재 내용 연구

서언

먼저 다음의 열 가지 질문을 통해 구원의 확신이 있는지의 여부를 알아본다. 약 5-7분 동안에 걸쳐 질문에 답하게 한 후 "아니요" 또는 "모르겠습니다"라고 답한 경우 이와 관련된 다음 성경 구절을 참고해 설명을 해 준다.

(1) 당신은 예수를 믿습니까?

당신이 예수님을 믿는다면 구원의 확신을 가지고 있는가? 만약 가지고 있지 못하다면 고린도후서 13장 5절을 살펴보라. 구원의 확신을 가지지 못한 자에게 어떻게 경고하고 있나?

- 하나님께 버림받은 자라고 경고하고 있다.

(2) 예수 그리스도는 지금 당신 안에 계십니까(계 3:20)?

(3) 당신은 죄 용서함을 받았다고 확신합니까(롬 8:1; 골 1:12-14)?

(4) 이제 하나님의 자녀가 되었습니까 (요 1:12)?

(5) 당신은 영생을 얻었습니까 (요일 5:11-13; 요 5:24)?

(6) 당신은 구원을 받았습니까 (행 16:31; 엡 2:8-9)?

(7) 오늘 밤에 당신이 죽게 된다면 천국에 가

• 전 단원의 예수 그리스도에 대한 공부를 상기시키면서 묻는다. [참고] 롬 10:9
• 양육자가 먼저 자신의 구원의 확신에 관해 말해 주라. 그리고 물어보라.
• 만약 구원의 확신을 가지고 있다고 자신 있게 대답하면 축복해 주라.
• 다음 아홉 가지 질문에 신앙 고백적인 자세로 답하게 하라.

[참고] 롬 8:9; 고후 13:5
• 특히 고린도후서 13장 5절에서는 구원의 확신을 무엇으로 분별하라고 하며, 그 이유는 무엇인가?

- 예수 그리스도가 우리 안에 계심을 알고 있는지 여부로서, 왜냐하면 모르는 자는 버림받은 자이기 때문이다.

[참고] 존 칼빈도 이 구절을 통해, 믿는 자에게 구원의 확신이 있어야 함을 역설한 바 있다. 그런데 이 구원의 확신은 주님과의 인격적인 만남의 체험과는 다르다.

리라는 확신이 있습니까(눅 23:42-43)?

(8) 당신은 성령을 받았습니까(고전 12:3)?

(9) 당신은 거듭났습니까

    (요 1:13, 3:3; 딛 3:5)?

(10) 멸망의 심판을 받지 않을 것을 확신합

    니까(요 3:18)?

- '거듭나다': to be born from above

* 참고 성구

롬 10:9 네가 만일 네 입으로 예수를 주로 시인하며 또 하나님께서 그를 죽은 자 가운데서 살리신 것을 네 마음에 믿으면 구원을 받으리라

롬 8:9 만일 너희 속에 하나님의 영이 거하시면 너희가 육신에 있지 아니하고 영에 있나니 누구든지 그리스도의 영이 없으면 그리스도의 사람이 아니라

고후 13:5 너희는 믿음 안에 있는가 너희 자신을 시험하고 너희 자신을 확증하라 예수 그리스도께서 너희 안에 계신 줄을 너희가 스스로 알지 못하느냐 그렇지 않으면 너희는 버림받은 자니라

■ 이 질문들을 한 후에도 구원의 확신이 없을 경우에는 다시 제1단원으로 돌아가서 공부하도록 한다. 구원의 확신 없이 제3단원을 공부하는 것은 사상누각과 같다.

■ 내용 설명: 하나님과 인간의 관계에서 죄, 구원, 자녀 됨, 영생, 성령의 내주, 중생, 심판 등을 설명해 주어 확신을 갖게 한다.

인간은 원죄로 인해 하나님과의 인격적 관계가 단절되었다. 이 죄 문제를 예수님이 십자가의 대속적 죽음을 통해 해결해 주셨다. 이를 구원이라고 하며, 단절되었던 관계가 회복된 것을 거듭남, 혹은 중생이라고 한다. 이 상태를 '생명이 있다'라고 하는데, 이 생명은 영원히 지속되는 것이므로 믿는 자는 영생을 이미 얻은 것이다. 믿는 자는, 과거에는 하나님이 보시기에 진노의 자녀였지만, 성령을 모신 이제는 하나님의 자녀이며 더 이상 심판을 받지 않는다.

■ 그리스도인이 된다는 것은 무엇을 뜻하는가?	• 주님으로부터 내가 받아들이는 것은 무엇인가? **주님의 사랑과 죄 용서함**
■ 우리와 그리스도의 관계를 결혼 관계의 예를 들어 설명할 수 있다.	• 내가 주님께 드리는 것은 무엇인가? **나의 인격, 즉 지성과 감정과 의지** • 지적인 이해, 감정적인 체험, 의지적인 결단, 이 세 가지 요소가 필요하되, 이것의 순서적인 특색도 중요하다.

1. 지적인 이해

■ 맹목적 신앙과 기독교의 차이점은 무엇인가?	• 역사적인 사실을 근거로 하느냐, 하지 않느냐에 있다. • 우상 숭배는 그 지적인 기초를 헛된 것들에 두고 있다(예: 나무, 돌, 명예, 학벌 등).
■ 예수 그리스도의 부활 사건은 많은 사람의 신앙의 변화를 가져왔다.	• 열한 제자의 변화: 나사렛 예수를 그리스도로 확실히 고백하게 되었다(특히 도마). - 예수님의 젖동생 야고보의 변화: 예수를 믿지 않던 그가 예수의 부활 후 믿게 되었다. [참고] 요 7:3-5; 행 1:13-14
■ 예수 그리스도의 부활 사건은 왜 혁명적인 메시지라고 할 수 있는가? - 인간이 초월할 수 없는 죽음을 극복하셨기 때문에	• 타락한 아담의 후손에게 정해진 하나님의 법칙을 초월하셨다. • 사망의 종노릇하는 인간! 그러나 예수님이 사망을 이기셨다.

* 참고 성구

요 7:3-5 ³그 형제들이 예수께 이르되 당신이 행하는 일을 제자들도 보게 여기를 떠나 유대로 가소서 ⁴스스로 나타나기를 구하면서 묻혀서 일하는 사람이 없나니 이 일을 행하려 하거든 자신을 세상에 나타내소서 하니 ⁵이는 그 형제들까지도 예수를 믿지 아니함이러라

행 1:13-14 ¹³들어가 그들이 유하는 다락방으로 올라가니 베드로, 요한, 야고보, 안드레와 빌립, 도마와 바돌로매, 마태와 및 알패오의 아들 야고보, 셀롯인 시몬, 야고보의 아들 유다가 다 거

기 있어 ¹⁴여자들과 예수의 어머니 마리아와 예수의 아우들과 더불어 마음을 같이하여 오로지 기도에 힘쓰더라

■ 성경에 기록된 복음의 내용에 대해서 살펴보십시오.

(1) 예수 그리스도는 누구십니까?

　① 예수님은 자신을 어떻게 소개하셨습니까?
　　- 하나님과 동일시하셨다(요 10:30).

　　- 예수님을 본 자는 하나님을 본 것이라고 하셨다(요 14:8-9).

　② 예수님 주위에 있던 사람들은 그분을 어떻게 소개했습니까?
　　- 하나님의 아들이시라고 고백했다
　　　(마 14:33, 27:54).
　　- 주와 하나님으로 고백했다(요 20:28).

(2) 예수 그리스도는 어떤 일을 하셨습니까?

　① 지상 생애 동안 그분은 어떤 일을 하셨습니까(행 10:38)?
　　- 선한 일을 행하시고, 마귀에게 눌린 모든 자를 고치셨다.
　② 예수님이 십자가에 죽으신 목적은 무엇입니까(막 10:45; 롬 5:8)?
　　- 죄인들을 위하여 자신의 목숨을 대속물로 하나님께 드리기 위해서다.

- 첫 단원 첫 번째 만남의 복습 내용이다.
- "나와 아버지는 하나이니라"라는 말씀은 예수님이 곧 하나님이시라는 뜻이다.
  (이에서 삼위일체라는 개념이 나왔다.)
- 요한복음 14장 8-9절 빌립의 질문에 대한 예수님의 대답은 계시적인 측면에서 말씀하신 것이다.
- 물 위를 걸으신 예수님을 본 제자들의 고백이다(마 14:33).
- 십자가에서 죽으신 예수님을 본 백부장의 고백이다(마 27:54).
- 부활하신 예수님을 본 도마의 고백이다
  (요 20:28).

- 첫 단원 두 번째 만남의 복습 내용이다.
  [참고] 사 61:1-2
  예언된 메시아 사역을 살펴보라.

* 참고 성구

사 61:1-2 ¹주 여호와의 영이 내게 내리셨으니 이는 여호와께서 내게 기름을 부으사 가난한 자에게 아름다운 소식을 전하게 하려 하심이라 나를 보내사 마음이 상한 자를 고치며 포로 된 자에게 자유를, 갇힌 자에게 놓임을 선포하며 ²여호와의 은혜의 해와 우리 하나님의 보복의 날을 선포하여 모든 슬픈 자를 위로하되

(3) 그분은 지금 무엇을 하고 계십니까?

  ① 예수님은 자기가 죽은 후에 어떤 일이 일어날 것이라고 말씀하셨습니까 (마 16:21)?

  - 죽은 지 삼 일 만에 살아난다.

  ② 부활하신 예수님은 지금 어디서 무엇을 하고 계십니까(엡 1:20-23)?

  - 하나님 우편에 앉으셔서 우주 만물을 다스리시고, 교회의 머리가 되어 계신다.

- 첫 단원 세 번째 만남의 복습 내용이다.

(4) 당신은 예수를 믿어야 합니다.

  ① 요한복음 3장 16절이 가르치는 바를 요약하시오.

  a. 하나님이 세상 사람을 사랑하신다.

  b. 독생자를 죽음에 내어 주시기까지 믿는 자로 하여금 영생을 얻게 하려 하신다.

- 첫 단원 네 번째 만남의 복습 내용이다.

2. 감정적인 체험

(1) 신앙에는 감정적인 반응이 있습니다. 두 사람의 설교를 들은 유대인들의 반응은 어떠했습니까(행 2:37, 7:54)?

  ① 베드로의 설교를 들은 사람들의 반응은(행 2:37)?

  - 마음에 찔림을 받았다.

  - 회개의 마음이 생겼다.

  ② 스데반의 설교를 들은 사람들의 반응은(행 7:54)?

  - 마음에 찔림을 받았다.

  - 대적하는 마음이 생겼다.

- 같은 반응은 아니지만 다 같이 마음에 찔림을 받았다. 이처럼 감정적 반응이 있기 마련이다.
- 동일한 내용의 말씀을 들었지만 그 반응이 달랐다. 개역개정 성경에서는 동일하게 "찔림"이라는 단어를 사용하지만 다른 번역을 보면 사도행전 2장 37절은 "찔림"으로, 사도행전 7장 54절은 "몹시 화가 나서"로 번역하고 있다. 이 두 구절은 똑같이 감정적으로 반응하고 있다.

(2) 감정적인 반응은 서로 다릅니다.

  ① 사도 바울은 어떤 체험을 통해 예수님을 알게 되었습니까(행 22:6-10)?
- 다메섹 도상에서 부활하신 예수님을 직접 눈으로 봄으로써 알게 되었다.

    • 이것은 대단히 기적적인 사건으로, 누구나 경험할 수 있는 것은 아니다.

  ② 그의 체험적인 신앙과 디모데의 신앙을 비교해 보십시오(딤후 1:5).
- 디모데는 어려서부터 외조모 로이스와 어머니 유니게로부터 말씀을 배웠고, 바울로부터 복음을 전해 듣고 믿게 되었다.

    • 특별한 체험이 없이 말씀을 듣고서 믿게 된 경우다.

    • 동반자가 특별한 체험이 없어서 자신의 신앙에 대해 부끄러워하지는 않는가?
- 만약 부끄러워한다면 디모데의 신앙의 열매를 말해 주라. 디모데는 초대 교회에서 바울의 후계자가 되었다.

  ③ 당신은 어느 편에 속한다고 생각합니까?

(3) 감정에 의존하지 마십시오.

  ① 구원의 확신에 있어서 특정한 감정적 체험을 강조하는 자세가 왜 문제가 되는가?
- 이러한 체험이 없으면 구원의 확신을 갖지 못하게 되므로

    • 감정적 반응은 각 사람마다 다양하게 나타난다. 그러나 특정한 어떤 감정적 체험을 누구나 겪게 되는 것은 아니므로, 이를 강조하거나 주장해서는 안 된다.

(4) 감정은 말씀과 믿음의 결과입니다.

  ① 나의 구원의 확신은 어디에 근거를 두고 있는가?

    • 당신의 구원의 확신이 늘 변하는 감정에 근거를 두고 있는지, 변하지 않는 하나님의 말씀에 근거를 두고 있는지 자신을 살펴보라.

  ② 사실과 믿음과 감정의 관계를 살펴보라.

    • 감정은 하나님의 말씀에 대한 신뢰의 결과로 생긴다.

    • 당신은 말씀보다 자신의 감정이나 체험을 더 앞세우지는 않는가?

3. 의지적인 결단

(1) 예수님은 젊은 관원에게 어떤 의지적 결단을 바라셨습니까(눅 18:22)?
 - 모든 재산과 영생 중에서 하나를 택하도록 하셨다.

- 그 청년의 마음은 재물에 대한 탐욕으로 가득 차 있어서 영생의 복이 들어갈 자리가 없었다.
- 영생 얻기를 바라는 그의 의지는 어느 정도인지 살펴보라.
 - 자신의 재산을 버리면서까지 영생 얻기를 바라지는 않았다. 즉 영생보다 물질을 더 중요하게 여긴 것이다.

(2) 예수님을 만난 거지 맹인은 어떻게 그의 신앙 의지를 표현했습니까(눅 18:39, 41)?
 - 다른 사람들의 방해에도 굽히지 않는 의지를 보여 주었다.

- 당신은 타인의 방해나 핍박이 있을 때 그만 주저앉아 버리지는 않는가?
- 당신은 주님을 믿을 때 분명한 의지적 결단을 했는가? 했다면 어느 정도인가?

4. 구원받은 신앙의 확증

■ 하나님은 그리스도가 우리 안에 계시다는 사실에 대한 확증으로 무엇을 보여 주시는가?

(1) 하나님의 말씀(요일 5:9-13)

- 이는 믿음의 지적인 요소와 관계가 있다.
- 나의 믿음은 무엇에 지적 기초를 두고 있는지 각자 말해 보라.
 자신의 이성적 판단인가?
 하나님의 말씀인가?

(2) 성령의 내적인 증거(롬 8:16)

- 이는 믿음의 감정적 요소와 관계가 있다.
- 성령은 하나님의 말씀에 대하여 확신을 갖도록 도와주신다.
- 성령의 도움을 받아 말씀을 더욱 확신케 된 체험이 있으면 서로 말해 보라.

(3) 우리의 변화된 삶(요일 2:3-6)

- 이는 믿음의 의지적 요소와 관계가 있다.

- 예수님을 삶의 주인으로 모시기로 결단한 사람에게는 삶의 변화가 따르기 마련이다.
- 삶의 변화는 구원의 조건은 아니지만, 구원받은 결과로 나타나게 된다. 칼빈은 이것을 중요하게 여겨 '직업 소명설'을 주장했다.

[참고] 직업 소명설: 어떤 사람이 구원을 받았는가, 아닌가는 그 사람이 자기의 직업에서 하나님의 부르심을 깨닫고 그 뜻대로 바르게 행하려 하고 있느냐를 보면 알 수 있다는 견해

구원에 대한 참된 확신이 가져다주는 열매

① 참된 확신이 꾸밈없는 겸허를 낳는 데 반하여, 거짓된 확신은 영적 교만을 낳는다 (고전 15:10; 갈 6:14).

② 참된 확신은 거룩한 생활을 하는 데 날로 더 힘쓰게 하는 데 반하여, 거짓된 확신은 게으름과 자만에 빠지게 한다(시 51:12-13, 19).

③ 참된 확신이 있게 되면 솔직한 자기반성이 따르게 되고, 하나님이 자기를 살펴 바로잡아 주시기를 소원하게 되지만, 거짓된 확신이 있게 되면 겉모양으로 만족해하고 정확하게 자신을 살피는 것을 회피하는 경향을 갖게 된다(시 139:23-24).

참된 확신이 있을 때는 하나님과 더욱 친밀한 교제 갖기를 항상 사모하게 되지만, 거짓된 확신의 경우는 그렇지가 못하다(요일 3:23). 어떤 사람이 가지고 있는 확신을 판가름해 주는 것은 그가 가지고 있는 확신의 강도가 아니라 그가 가지고 있는 확신의 성격이다. 어떤 사람은 자기가 구원받은 것을 광신적으로 확신하는 경우가 있으나, 흔히 '잘못되어 있다'는 것을 스스로 드러내는 데 지나지 않는 경우가 있다.

---

* 참고 성구

고전 15:10 그러나 내가 나 된 것은 하나님의 은혜로 된 것이니 내게 주신 그의 은혜가 헛되지 아니하여 내가 모든 사도보다 더 많이 수고하였으나 내가 한 것이 아니요 오직 나와 함께하신 하나님의 은혜로라

갈 6:14 그러나 내게는 우리 주 예수 그리스도의 십자가 외에 결코 자랑할 것이 없으니 그리스도로 말미암아 세상이 나를 대하여 십자가에 못 박히고 내가 또한 세상을 대하여 그러하니라

시 51:12-13 12주의 구원의 즐거움을 내게 회복시켜 주시고 자원하는 심령을 주사 나를 붙드소서 13그리하면 내가 범죄자에게 주의 도를 가르치리니 죄인들이 주께 돌아오리이다

시 51:19 그때에 주께서 의로운 제사와 번제와 온전한 번제를 기뻐하시리니 그때에 그들이 수소를 주의 제단에 드리리이다

시 139:23-24 23하나님이여 나를 살피사 내 마음을 아시며 나를 시험하사 내 뜻을 아옵소서 24내게 무슨 악한 행위가 있나 보시고 나를 영원한 길로 인도하소서

요일 3:23 그의 계명은 이것이니 곧 그 아들 예수 그리스도의 이름을 믿고 그가 우리에게 주신 계명대로 서로 사랑할 것이니라

처음부터 구원의 확신이 있다고 하는 경우에는 이 점검을 맨 먼저 하십시오. 그렇지 않은 경우에는 "4. 구원받은 신앙의 확증"까지 공부한 후에 자신의 확신이 진실한 것인지를 점검해 보십시오.

▌참고 도서

이현수, 《네가 거듭나야 하리라》(두란노, 2002)

마틴 로이드 존스, 《마틴 로이드 존스의 십자가》(두란노, 2011)

김세윤, 《구원이란 무엇인가》(두란노, 2011)

맥스 루케이도, 《예수가 선택한 십자가》(두란노, 2011)

▌다음 과를 위한 준비 과제

1. 요한복음 8-14장을 매일 한 장씩 읽으십시오.
2. 두 번째 만남 "하나님의 속성"을 미리 공부하십시오.
3. 주일 낮 예배 설교를 요점만 기록하십시오.
4. 역대상 29장 11-12절과 시편 36편 5-6절을 암기하십시오.
5. 이를 공부한 경우, 매일 큐티를 하고 큐티 나눔을 하도록 하십시오.

■ 이 과의 진행

과제 점검 (15분)	1. 지난 한 주 동안의 삶을 서로 나누십시오. 2. 요한복음 8-14장을 매일 읽었는지 알아보십시오. 　읽은 것에서 인상적인 말씀이 무엇이었는지 알아보십시오. 3. 지난 과의 요점을 간단히 복습하십시오. 4. 이 과의 성구를 반복해서 암송시키십시오(대상 29:11-12; 시 36:5-6). 5. 주일 설교 말씀을 통해서 받은 은혜를 잠깐 나누십시오.
도입 (5분)	1. 키 그림을 가지고 이 과에 적용하여 설명해 주십시오. 2. 교재의 '도입 말'을 통해 이 과의 중요성을 깨닫고 문제의식을 갖게 하십시오.
교재 토의 (60분)	1. 이 과의 요점을 생각하면서 토의하십시오. 2. 동반자에게 한 단락씩 또는 한 문제씩 읽거나 답하게 한 후 양육자가 보충 질문과 설명을 하면서 서로 삶을 나누십시오. 3. 강조해야 할 점 　(1) 하나님의 여러 가지 성품을 알게 하고 그 성품이 우리의 삶에 어떤 의미가 있는지 깨닫게 하십시오. 　(2) 성경을 읽으면서 하나님의 성품을 조사하게 하고, 하나님의 존재와 역할에 대해 그분을 찬양하고 감사하는 방법을 찾아 실천하게 하십시오.
마무리 (10분)	1. 이 과의 요점을 살려 결론을 맺으십시오. 2. 이 과에서 받은 말씀의 은혜를 가지고 결단의 기도를 드리십시오. 　기도 제목을 나누고 책자 뒤에 있는 〈기도 계획표〉에 기록해 두십시오. 　서로를 위해 중보 기도를 간절히 하고 끝맺으십시오. 3. 다음 과를 위한 준비 과제와 기타 지시 사항을 알려 주십시오.

* 전체 소요 시간을 약 90분으로 한다.

* 구체적인 형편에 따라 융통성 있게 조정해 가면서 진행한다.

* 찬송가: 21장("다 찬양하여라"), 85장("구주를 생각만 해도"), 393장("오 신실하신 주")

■ 이 과의 요점

1. 그리스도가 다스리시는 삶을 영위하기 위해 그분의 성품을 바로 알게 한다.
2. 성경에 의해서 하나님에 대한 의식을 갖게 하고, 그 지식이 삶에 어떠한 영향을 끼치는지를 깨닫게 해 준다.

▌줄거리

서언
1. 하나님만이 가지신 성품
  (1) 주권자시다 (2) 영원하시다 (3) 전지하시다 (4) 무소부재하시다 (5) 전능하시다
  (6) 불변하시다
2. 하나님과 사람이 함께 가진 성품
  (1) 인자 (2) 성실 (3) 의로움 (4) 공정함
3. 삼위일체
  (1) 예수님과 하나님의 관계
  (2) 성령님과 하나님의 관계
  (3) 성령님과 예수님의 관계

▌도입 말

찰스 스펄전 목사의 다음 글을 음미해 보라.

"하나님의 자녀가 관심 가질 수 있는 가장 차원 높은 과학, 가장 위엄 있는 철학은 그가 아버지라 부르는 위대한 하나님의 이름, 본질, 인격, 사역, 행하심, 존재하심에 관해 연구하는 것이다. 신성을 숙고할 때 그것은 넘치도록 우리의 마음을 고양시킨다. 그것은 너무 광대한 주제이므로 우리의 모든 생각은 그 광대함 속에서 길을 잃어버리게 된다. 또한 그것이 너무 깊이 있는 주제이므로 우리의 온갖 자랑이 그 심오함 속에 묻혀 버리게 된다. 여러분은 자신의 슬픔을 잊으려 하는가? 그렇다면 여러분 자신을 하나님의 가장 깊은 바다에 빠뜨려 보라. 그분의 무한하심 속에 빠져 보라. 그러면 여러분은 휴식의 침상에서 원기를 되찾고 다시 힘이 넘쳐 일어나게 될 것이다."

이 말은 하나님에 대한 지식이 우리에게 주는 영향을 잘 묘사하고 있다. 이 글을 읽어 주어 동반자로 하여금 하나님을 아는 지식의 중요성을 깨닫고 공부에 임하도록 도움을 주라.

▌교재 내용 연구

서언

■ 우리의 주관적 확신은 무엇에 기초해야 합니까?

성경의 객관적인 지식

- 성경 말씀에 기초하지 않은 신앙적 확신은 맹목적 신앙일 따름이다.
- 우리에게 주관적 확신을 갖게 하시는 성령은 성경 말씀에 따라 역사하신다.

* 참고 성구

롬 8:16 성령이 친히 우리의 영과 더불어 우리가 하나님의 자녀인 것을 증언하시나니

■ 하나님의 성품을 바르게 알지 못하면 어떻게 됩니까?

① 자신의 주위에서 일어나는 일에 대해 이해하기 어렵다.

② 방향 감각이 없이 행하여 범죄하기 쉽다.
그 결과 불신과 의심의 삶을 살게 된다.

- 특히 고난에 대해서 그렇다. 히브리서 12장에 하나님은 그가 사랑하시는 참 아들마다 징계하시며, 그 이유는 그의 거룩하심에 참여하게 하기 위해서라고 기록되어 있다.
- 죄란 원래는 과녁에 '맞히지 못함'을 의미한다. 즉 방향 감각을 잃은 것을 말한다.
- 에베소서 4장 1절, "부르심을 받은 일에 합당하게 행하여"라는 말씀을 음미해 보라.

■ 하나님의 성품을 바르게 알면 어떻게 됩니까?

① 하나님과의 관계: 참된 예배를 드릴 수 있다.
② 타인과의 관계: 진정한 그리스도인의 삶을 살 수 있다. 그 결과 하나님 중심의 삶을 영위할 수 있다.

- 예배란 하나님의 영광에 걸맞은 최고의 가치를 하나님께 드리는 것이다.

■ 호세아 6장 3, 6절에서 호세아가 강조한 것은 무엇입니까?

하나님을 아는 것

• 이스라엘 백성은 하나님을 바르게 알지 못해서 망하게 되었다.

[참고] "내 백성이 지식이 없으므로 망하는도다 네가 지식을 버렸으니 나도 너를 버려 내 제사장이 되지 못하게 할 것이요 네가 네 하나님의 율법을 잊었으니 나도 네 자녀들을 잊어버리리라"(호 4:6).

[보충] 하나님을 아는 데 방해가 되는 것은 무엇일까?

(이 부분은 어느 정도 훈련된 동반자인 경우에 함께 나누는 것이 좋다.)

하나님이 육신의 아버지를 주신 까닭은 하나님 아버지를 더 쉽게 알 수 있도록 하시기 위함일 것이다. 우리 안에 자리 잡고 있는 하나님은 우리가 알고 있는 육신 아버지의 투영인 경우가 많다. 그래서 하나님을 아는 데 방해가 되는 것은 육신의 부모와의 왜곡된 관계와 이로 인한 상처다. 하나님과 우리 자신의 인격적인 관계가 정립되기 위해서는 이러한 왜곡된 관계와 상처를 드러내고 고백해야 한다. 이를 주의 십자가의 공로를 통해서 치유받고 예수 그리스도 안에서 하나님과 만나야 한다. 상처는 죄로 인해 하나님을 떠났기 때문에 생긴 것이므로, 다시 하나님을 만남으로 치유가 이루어질 수 있다. 이 만남은 경험적인 앎을 통한 것이다. 여기에 하나님의 성품을 알아야 할 필요성이 있다.

예) 부모와의 관계가 왜곡되고 상처가 생기는 원인과 그 결과적 반응:

① 무관심하다. 사랑이 없다. - 스스로 알아서 하는 태도가 생긴다. 하나님과 상의가 없다.

② 바쁘다. 대강대강 건성으로 듣고 만난다. - 하나님도 그러시리라 생각한다. 60억 인구 중에 나 같은 자를 만나 줄 시간이 없으시리라 생각한다. 사소한 것들은 하나님께 말씀드리지 않는다. 큰 일만을 하나님께 가지고 간다. 혼자 처리해야 하니까 늘 피곤해한다.

③ 일관성이 없다. 기분대로 한다. - 하나님을 독재자로 여긴다.

④ 약속을 지키지 않는다. 신실하지 않다. - 마음에 원망이 생긴다. 자신이 힘이 없어서 참고 있는 것이라고 생각한다.

⑤ 무섭다. 야단만 친다. 두렵다. 용서가 없다. - 하나님 앞에서 평안이 없다. 늘 불안하다.

⑥ 완벽하다. 지적하고 판단한다. 늘 긴장한다. - 하나님을 딱지 떼는 교통경찰과 같은 분으로만 여긴다.

⑦ 믿을 수 없다. 자기 마음대로다. 책임감이 없다. 내가 요구해도 들어주지 않는다. - 하나님을 의지하려 하지 않는다.

1. 하나님만 가지신 성품

역대상 29장 10-13절을 읽고 특별히 마음에 와닿는 부분을 서로 이야기해 보라.

- 성전 건축 헌물을 바치고 다윗이 감사하며 기도하는 내용이다. 다윗은 하나님은 만물의 주재자이시며 오직 그분만이 감사와 찬양의 대상이심을 고백했다.

(1) 절대 주권성
① 로마서 11장 36절은 하나님의 주권을 어떻게 묘사하고 있습니까?
- "만물이 주에게서 나오고 주로 말미암고 주에게로 돌아감이라."

- 절대 주권성이란 주님은 만물을 창조하시고 다스리시고 심판하실 분이라는 의미다.

② 이 사실을 알 때 갖게 되는 자세는?
a. 나의 인생에 대해서

- "우리는 다 양 같아서 그릇 행하여 각기 제 길로 갔거늘"(사 53:6). 이것이 내 모습은 아닌가? '내 멋대로의' 삶의 모습
- 하나님이 원래 바라셨던 인간의 본분은 무엇인가?
  - 하나님을 경외하고 그 명령을 지키는 것 (전 12:13)

b. 이 세상에 대해서

- 하나님은 세상(사람들)을 독생자를 주기까지 사랑하셨다. 우리는 이 세상에 대해 무관심할 것이 아니라, 깊은 관심을 가지고 사랑해야 한다(요 3:16).

* 참고 성구

전 12:13 일의 결국을 다 들었으니 하나님을 경외하고 그의 명령들을 지킬지어다 이것이 모든 사람의 본분이니라

요 3:16 하나님이 세상을 이처럼 사랑하사 독생자를 주셨으니 이는 그를 믿는 자마다 멸망하지 않고 영생을 얻게 하려 하심이라

(2) 영원성
① 이사야 44장 6절, 디모데전서 1장 17절은 하나님의 영원성을 어떻게 표현하고 있습니까?
a. "나는 처음이요 나는 마지막이라"

- 하나님은 시간을 창조하신 분으로서 시간을 초월해서 역사하신다.

- 이 말은 하나님만이 창조주와 심판자이시

(사 44:6).

며, 동시에 하나님만이 영원한 하나님이
시라는 뜻이다.

b. "영원하신 왕 곧 썩지 아니하고"
　　(딤전 1:17).

[참고] 계 1:8, 17, 2:8, 21:6, 22:13

- 모든 만물은 점차 부패해 가며 이는 그것
들이 유한함을 나타낸다. 그러나 하나님
은 썩지 않으시므로 영원한 분이시다.

② 하나님의 영원성을 알 때 어떤 유익이 있
습니까?
　a. 고통 중 신앙을 조롱받을 때
　　- 인자하심이 영원하신 하나님을 의지
　　하여 그 핍박을 감내할 수 있다.
　b. 우리 인생의 집을 건축함에 있어서 그
　　기초를 반석 위에 세울 수 있다.

- 하나님이 어디 있느냐고 조롱받는 처지에
서 하나님을 의지하여 이를 극복한다
　(시 118:4-9).
- 물결에 휩쓸려서 떠내려가는 모래 위에
세우는 것은 헛되다(모래: 하나님을 거스르는 인
간적인 성향, 욕구, 테크노피아 등).

* 참고 성구

계 1:8 주 하나님이 이르시되 나는 알파와 오메가라 이제도 있고 전에도 있었고 장차 올 자요 전
능한 자라 하시더라

계 1:17 내가 볼 때에 그의 발 앞에 엎드러져 죽은 자같이 되매 그가 오른손을 내게 얹고 이르시
되 두려워하지 말라 나는 처음이요 마지막이니

계 2:8 서머나 교회의 사자에게 편지하라 처음이며 마지막이요 죽었다가 살아나신 이가 이르시되

계 21:6 또 내게 말씀하시되 이루었도다 나는 알파와 오메가요 처음과 마지막이라 내가 생명수
샘물을 목마른 자에게 값없이 주리니

계 22:13 나는 알파와 오메가요 처음과 마지막이요 시작과 마침이라

시 118:4-9 ⁴이제 여호와를 경외하는 자는 말하기를 그의 인자하심이 영원하다 할지로다 ⁵내가
고통 중에 여호와께 부르짖었더니 여호와께서 응답하시고 나를 넓은 곳에 세우셨도다 ⁶여호
와는 내 편이시라 내가 두려워하지 아니하리니 사람이 내게 어찌할까 ⁷여호와께서 내 편이 되
사 나를 돕는 자들 중에 계시니 그러므로 나를 미워하는 자들에게 보응하시는 것을 내가 보리
로다 ⁸여호와께 피하는 것이 사람을 신뢰하는 것보다 나으며 ⁹여호와께 피하는 것이 고관들을
신뢰하는 것보다 낫도다

(3) 전지성

① 이사야 40장 12-14절과 요한일서 3장 20절 말씀은 우리 개개인의 모든 것을 다 포함합니까?
- 모든 것을 다 포함한다.

• 하나님의 전지하심을 반어적으로 묘사하고 있다 (사 40:12-14).

[참고] 시편 139편 1-6절을 읽고 마음에 와닿는 부분을 말하고, 그 이유도 서로 나누어 보라.

② 이 사실을 알 때 나의 태도에 어떤 영향을 줍니까?

• 우리의 지각을 초월하시는 하나님 (요일 3:20)

a. 제자의 길을 걸으면서 받게 될 박해를 두려워하지 않을 수 있다.

• 열두 제자를 파송하시면서 앞으로 받게 될 박해를 각오하고 두려워 말라고 당부하셨다. 박해받을 때 나를 알고 계신 주님을 기억한다면 어떤 마음일까 (마 10:29-31)?

b. 주님을 경외하는 마음을 품을 수 있다.

• 주님을 경외할 때 어떤 모습이 나타날까? 성도 상호 간에 복종할 수 있다. 즉 피차간에 섬기는 모습이 나타난다. [참고] 엡 5:21

* 참고 성구

요일 3:20 이는 우리 마음이 혹 우리를 책망할 일이 있어도 하나님은 우리 마음보다 크시고 모든 것을 아시기 때문이라

시 139:1-6 ¹여호와여 주께서 나를 살펴보셨으므로 나를 아시나이다 ²주께서 내가 앉고 일어섬을 아시고 멀리서도 나의 생각을 밝히 아시오며 ³나의 모든 길과 내가 눕는 것을 살펴보셨으므로 나의 모든 행위를 익히 아시오니 ⁴여호와여 내 혀의 말을 알지 못하시는 것이 하나도 없으시니이다 ⁵주께서 나의 앞뒤를 둘러싸시고 내게 안수하셨나이다 ⁶이 지식이 내게 너무 기이하니 높아서 내가 능히 미치지 못하나이다

엡 5:21 그리스도를 경외함으로 피차 복종하라

(4) 편재성(混在性, 무소부재)

① 예레미야 23장 24절의 의미는 무엇입니까?
- 인간은 하나님의 눈으로부터 아무것도 숨길 수 없다. 하나님은 모든 곳에 계신 분이기 때문이다.

• 인간이 자신의 성격이나 계획, 생활 등 자기 자신을 감추려고 아무리 노력해도 모든 것을 감찰하시는 하나님을 속일 수는 없다.

② 이 신앙은 나의 경건 생활에 어떤 유익이 있습니까 (시 139:7-8)?
- 은밀한 어두움의 일에 빠질 유혹을 극복할 수 있다.

• 주의 얼굴을 늘 의식하며 생활할 수 있다.

[참고] 고 이성봉 목사님은 늘 양손을 쥐고 다녔는데 한 손은 성경을, 다른 손은 예수님의 손을 잡고 다닌다고 말씀하셨다.

(5) 전능성 (시 147:5; 엡 3:20)

　① 하나님은 나의 삶 속에서도 그 능력을 베푸신다고 생각합니까?

　② 이 신앙이 있으면 힘든 상황이나 약해졌을 때 어떤 유익이 있습니까?
　- 절망에 빠지지 않고 하나님의 능력을 의지하여 계속해서 나아갈 수 있다.

- 에베소서 1장 19-23절에서 바울은 하나님의 능력에 대해 십자가에서 죽으신 예수를 교회의 머리와 만유의 주관자가 되게 하신 능력이라 했다. 그렇다면 어느 때 그 능력이 나타난다고 생각하는가?
- 빌립보서 3장 10-11절에서 바울은 그리스도의 부활의 권능을 체험하기 위해 어떻게 노력했는가?
　- 예수 그리스도의 죽으심을 본으로 삼고 그 길을 따르기 위해 힘썼다.
- 고린도후서 12장 9절에서 바울은 어떻게 고백하며 행하고 있는가?
　- 그리스도의 능력을 힘입기 위하여 자신의 연약함을 자랑했다.

*** 참고 성구**

엡 1:19-23 ¹⁹그의 힘의 위력으로 역사하심을 따라 믿는 우리에게 베푸신 능력의 지극히 크심이 어떠한 것을 너희로 알게 하시기를 구하노라 ²⁰그의 능력이 그리스도 안에서 역사하사 죽은 자들 가운데서 다시 살리시고 하늘에서 자기의 오른편에 앉히사 ²¹모든 통치와 권세와 능력과 주권과 이 세상뿐 아니라 오는 세상에 일컫는 모든 이름 위에 뛰어나게 하시고 ²²또 만물을 그의 발 아래에 복종하게 하시고 그를 만물 위에 교회의 머리로 삼으셨느니라 ²³교회는 그의 몸이니 만물 안에서 만물을 충만하게 하시는 이의 충만함이니라

빌 3:10-11 ¹⁰내가 그리스도와 그 부활의 권능과 그 고난에 참여함을 알고자 하여 그의 죽으심을 본받아 ¹¹어떻게 해서든지 죽은 자 가운데서 부활에 이르려 하노니

(6) 불변성 (시 102:27; 약 1:17)

　하나님의 불변성을 믿을 때 어떤 유익이 있습니까?
　- 어떤 상황에 처해도 하나님을 신뢰하여 극복할 수 있다.

- 하나님의 섭리는 다양해도 하나님은 불변하시다는 말은 무슨 뜻인가? (그 섭리를 우리가 다 이해할 수 없지만, 하나님의 성품은 변함이 없다.)
- 로마서 8장 28절의 의미를 살펴보고 그 확신 여부를 서로 말해 보라.
- 로마서 8장 31-39절에서 바울은 하나님 사랑의 불변성을 역설하면서, 어떤 상황들을 극복할 수 있다고 확신하고 있는가? (환난이나 곤고, 박해, 기근, 적신, 위험, 칼, 그리고 어떤

피조물의 권세 아래서도 우리를 사랑하시는 하나님으로 말미암아 넉넉히 이긴다고 확신하고 있다.)

* 참고 성구

시 102:27 주는 한결같으시고 주의 연대는 무궁하리이다

약 1:17 온갖 좋은 은사와 온전한 선물이 다 위로부터 빛들의 아버지께로부터 내려오나니 그는 변함도 없으시고 회전하는 그림자도 없으시니라

롬 8:35-39 [35]누가 우리를 그리스도의 사랑에서 끊으리요 환난이나 곤고나 박해나 기근이나 적신이나 위험이나 칼이랴 [36]기록된 바 우리가 종일 주를 위하여 죽임을 당하게 되며 도살당할 양 같이 여김을 받았나이다 함과 같으니라 [37]그러나 이 모든 일에 우리를 사랑하시는 이로 말미암아 우리가 넉넉히 이기느니라 [38]내가 확신하노니 사망이나 생명이나 천사들이나 권세자들이나 현재 일이나 장래 일이나 능력이나 [39]높음이나 깊음이나 다른 어떤 피조물이라도 우리를 우리 주 그리스도 예수 안에 있는 하나님의 사랑에서 끊을 수 없으리라

2. 하나님과 사람이 함께 가진 성품

(1) 인자(仁慈)

① 하나님의 사랑은 어떤 사랑입니까 (롬 5:8)?

- 죄인(원수) 된 자를 위하여 대신 죽으신 사랑

• 인자함은 하나님이 죄인 된 인간을 다루시는 태도다. 시편 103편 8-14, 17절을 통해 하나님의 인자하심이 어떤지 살펴보라.

a. 노하기를 더디 하심(8절)

b. 한 번 노하셨다가도 곧 돌이키심(9절)

c. 죄악을 따라 처벌하지 않으심(10-11절)

d. 우리의 죄악을 용서하심(12절)

e. 불쌍히 여기심(13-14절)

f. 인자하심과 의로우심으로 영원까지 같이하심(17절)

② 하나님의 사랑은 어떻게 나타났습니까(요 3:16)?

- 독생자를 십자가에 내어 주심

③ 그런 사랑을 받은 내가 해야 할 일은 무엇입니까?

• '그분은 대상의 장단점에 관계없이'란 말에 대해 느낀 점을 서로 나누어 보라.

• 그 사랑이 우리의 삶에 구체적으로 어떻게 나타났는지 서로 나누어 보라.

• 나는 형제를 위하여 목숨까지 버릴 각오가 되어 있는가?

- 형제를 위하여 자기 목숨을 버리는 일

• 디모데후서 4장 10-11절을 읽고 느낀 점을 서로 나누어 보라.

* 참고 성구

롬 5:8 우리가 아직 죄인 되었을 때에 그리스도께서 우리를 위하여 죽으심으로 하나님께서 우리에 대한 자기의 사랑을 확증하셨느니라

시 103:8-14, 17 8여호와는 긍휼이 많으시고 은혜로우시며 노하기를 더디 하시고 인자하심이 풍부하시도다 9자주 경책하지 아니하시며 노를 영원히 품지 아니하시리로다 10우리의 죄를 따라 우리를 처벌하지는 아니하시며 우리의 죄악을 따라 우리에게 그대로 갚지는 아니하셨으니 11이는 하늘이 땅에서 높음같이 그를 경외하는 자에게 그의 인자하심이 크심이로다 12동이 서에서 먼 것같이 우리의 죄과를 우리에게서 멀리 옮기셨으며 13아버지가 자식을 긍휼히 여김 같이 여호와께서는 자기를 경외하는 자를 긍휼히 여기시나니 14이는 그가 우리의 체질을 아시며 우리가 단지 먼지뿐임을 기억하심이로다 17여호와의 인자하심은 자기를 경외하는 자에게 영원부터 영원까지 이르며 그의 의는 자손의 자손에게 이르리니

딤후 4:10-11 10데마는 이 세상을 사랑하여 나를 버리고 데살로니가로 갔고 그레스게는 갈라디아로, 디도는 달마디아로 갔고 11누가만 나와 함께 있느니라 네가 올 때에 마가를 데리고 오라 그가 나의 일에 유익하니라

(2) 성실('진리', '진실'과 같은 말임)
　① 하나님이 약속을 어기셨다고 여겨진 적은 없습니까(딛 1:2)?
　② 거짓 없이 살기 위해서 우리는 어떻게 해야 합니까(빌 2:15)?
　　- 흠이 없고 순결해져서 세상에서 빛으로 나타나야 한다. 우리의 삶이 맑은 유리와 같이 투명하면 내주하신 그리스도의 빛이 우리를 통해 그대로 세상에 비칠 것이다.

• 각자의 삶을 돌아보면서 솔직하게 이야기해 보라. 혹시 동반자가 이로 인해 상처를 안고 있는지 살펴보라.
• 이렇게 되려면(빌 2:12, 14)
　a. 항상 복종하여 두렵고 떨림으로 우리의 구원을 이루어야 한다.
　b. 모든 일을 원망과 시비가 없이 행해야 한다.
• 에베소서 5장 8-13절을 상고해 보라. 그리스도인의 신분과 역할에 관해 어떻게 말하는가?
　- 그리스도인은 빛의 신분을 가지고 있으며, 자신의 삶을 통해 세상을 비추어 그 어둠을 드러내야 한다. 이러할 때 세상은 빛으로 바뀌게 된다.

* 참고 성구

딛 1:2 영생의 소망을 위함이라 이 영생은 거짓이 없으신 하나님이 영원 전부터 약속하신 것인데

빌 2:12, 14 ¹²그러므로 나의 사랑하는 자들아 너희가 나 있을 때뿐 아니라 더욱 지금 나 없을 때에도 항상 복종하여 두렵고 떨림으로 너희 구원을 이루라 ¹⁴모든 일을 원망과 시비가 없이 하라

엡 5:8-13 ⁸너희가 전에는 어둠이더니 이제는 주 안에서 빛이라 빛의 자녀들처럼 행하라 ⁹빛의 열매는 모든 착함과 의로움과 진실함에 있느니라 ¹⁰주를 기쁘시게 할 것이 무엇인가 시험하여 보라 ¹¹너희는 열매 없는 어둠의 일에 참여하지 말고 도리어 책망하라 ¹²그들이 은밀히 행하는 것들은 말하기도 부끄러운 것들이라 ¹³그러나 책망을 받는 모든 것은 빛으로 말미암아 드러나나니 드러나는 것마다 빛이니라

(3) 의로움

① 율법이 우리를 온전한 데로 인도할 수 있다고 생각합니까? 그렇지 않다고 생각한다면 그 이유는 무엇입니까?

- 그렇지 않다. 왜냐하면 우리가 타락하여 율법을 그대로 지킬 수 없게 되었기 때문이다.

② 우리도 하나님처럼 의로워야 합니다 (신 32:4; 마 5:48). 우리가 해야 할 일은 무엇입니까?

a. 예수 그리스도의 의로 덧입어야 한다.

b. 예수 그리스도의 의를 닮아 가며 드러내야 한다.

• 믿음으로 구원받기 때문에 율법은 더 이상 필요 없다고 하는 사람들도 있다. 여기에 대해 어떻게 생각하는가?

[참고] 마 19:23; 롬 8:3; 빌 3:8-9

• 왜 먼저 주님의 의로 덧입어야 한다고 생각하는가? (죄와 사망의 법에서 먼저 해방되어야 하므로)

• "하나님의 사랑은 과대평가하고, 하나님의 공의는 과소평가하여 사랑을 핑계 삼아 웬만한 죄를 범해도 크게 두려워하지 않는다." 자신에게 이런 습성은 없는지 살펴보라.

• a와 b는 우리의 노력도 필요하지만, 주님의 은혜로써만 가능하다.

* 참고 성구

마 19:23 예수께서 제자들에게 이르시되 내가 진실로 너희에게 이르노니 부자는 천국에 들어가기가 어려우니라

빌 3:8-9 ⁸또한 모든 것을 해로 여김은 내 주 그리스도 예수를 아는 지식이 가장 고상하기 때문이라 내가 그를 위하여 모든 것을 잃어버리고 배설물로 여김은 그리스도를 얻고 ⁹그 안에서 발견되려 함이니 내가 가진 의는 율법에서 난 것이 아니요 오직 그리스도를 믿음으로 말미암은 것

이니 곧 믿음으로 하나님께로부터 난 의라

신 32:4 그는 반석이시니 그가 하신 일이 완전하고 그의 모든 길이 정의롭고 진실하고 거짓이 없으신 하나님이시니 공의로우시고 바르시도다

마 5:48 그러므로 하늘에 계신 너희 아버지의 온전하심과 같이 너희도 온전하라

율법의 세 가지 기능

① 죄를 깨닫게 하는 기능: 율법은 마치 거울(鑑)과 같아서 이것을 들여다보면 우리의 영적인 모습이 어떠한지가 나타난다. 다시 말해, 율법은 죄와 허물을 깨닫게 해 준다(일명 '거울의 기능')

② 몽학선생의 기능: 율법은 죄를 예방하는 기능이 있으며, 죄의 결과인 사망의 공포에서 벗어나고자 하는 마음을 갖게 하는 기능이 있다. 몽학선생이란 로마 시대의 노예 출신 가정교사로서, 주인집의 미성년 자녀를 교육시켰다. 한 손에는 책을, 다른 한 손에는 채찍을 들고 책에 기록된 대로 하지 않으면 채찍질도 할 수 있었다. 주인의 자녀는 채찍이 무서워서 죄를 짓지 못했다. 그리하여 하루빨리 이런 처지에서 벗어나고자 하는 마음이 생겨났다.

③ 도덕규범으로서의 기능: 하나님의 자녀가 된 우리가 하나님의 뜻에 따라 합당하게 사는 길을 제시한다. 칼빈은 이 기능을 '성화 수단으로서의 기능'이라고 하면서 특별히 강조했다.

율법에는 구원의 수단으로서의 기능은 없다. 율법은 인간이 타락함으로 말미암아 더 이상 구원에 이르는 방편이 되지 못한다. 율법으로는 의롭다 하심을 받을 인간이 아무도 없다(롬 8:3).

---

(4) 공명정대한 판단

① 이 사실은 누구에게는 위안이 되고 누구에게는 경고가 되는가?

　a. 위안: 주님의 말씀을 듣고 하나님 아버지를 믿는 자

　b. 경고: 예수님의 복음에 복종하지 않는 자

② 믿는 우리가 멸망의 심판을 받지 않는 이유는(요 5:24)?

　- 믿는 자는 이미 사망에서 생명으로 옮겼으므로

- 하나님의 심판은 있을 것인가(계 20:1-2)? 예수님의 재림 때 심판이 있다(살후 1:8-9).

- 사도행전 2장 37절과 7장 54절에는 어떠한 자들이 나오는가?

　1. 베드로의 설교를 듣고 회개한 자들

　2. 스데반의 설교를 듣고 더욱 강퍅해진 자들

- 믿는 자에게는 멸망의 심판은 없어도 상급의 심판은 있다(계 20:12).

③ 이러한 사실은 우리에게 어떤 영향을 끼치는가?

a. 죽음으로부터 자유함을 누릴 수 있다.

b. 사람에게 보이려고 하지 않고 하나님 앞에서 성실하게 행할 수 있다.

• 고린도전서 4장 2-5절에서 바울의 어떤 자세를 볼 수 있는가? (유일한 판단자이신 주님께 판단을 맡기고 충성을 다한다.)

• 사도행전 4장 19절에서 베드로의 어떤 자세를 볼 수 있는가? (사람의 말보다 주님을 경외함으로 주님의 말씀을 따른다.)

* 참고 성구

계 20:1-2 ¹또 내가 보매 천사가 무저갱의 열쇠와 큰 쇠사슬을 그의 손에 가지고 하늘로부터 내려와서 ²용을 잡으니 곧 옛 뱀이요 마귀요 사탄이라 잡아서 천 년 동안 결박하여

살후 1:8-9 ⁸하나님을 모르는 자들과 우리 주 예수의 복음에 복종하지 않는 자들에게 형벌을 내리시리니 ⁹이런 자들은 주의 얼굴과 그의 힘의 영광을 떠나 영원한 멸망의 형벌을 받으리로다

행 2:37 그들이 이 말을 듣고 마음에 찔려 베드로와 다른 사도들에게 물어 이르되 형제들아 우리가 어찌할꼬 하거늘

행 7:54 그들이 이 말을 듣고 마음에 찔려 그를 향하여 이를 갈거늘

계 20:12 또 내가 보니 죽은 자들이 큰 자나 작은 자나 그 보좌 앞에 서 있는데 책들이 펴 있고 또 다른 책이 펴졌으니 곧 생명책이라 죽은 자들이 자기 행위를 따라 책들에 기록된 대로 심판을 받으니

고전 4:2-5 ²그리고 맡은 자들에게 구할 것은 충성이니라 ³너희에게나 다른 사람에게나 판단받는 것이 내게는 매우 작은 일이라 나도 나를 판단하지 아니하노니 ⁴내가 자책할 아무것도 깨닫지 못하나 이로 말미암아 의롭다 함을 얻지 못하노라 다만 나를 심판하실 이는 주시니라 ⁵그러므로 때가 이르기 전 곧 주께서 오시기까지 아무것도 판단하지 말라 그가 어둠에 감추인 것들을 드러내고 마음의 뜻을 나타내시리니 그때에 각 사람에게 하나님으로부터 칭찬이 있으리라

행 4:19 베드로와 요한이 대답하여 이르되 하나님 앞에서 너희의 말을 듣는 것이 하나님의 말씀을 듣는 것보다 옳은가 판단하라

3. 삼위일체

■ 논의의 필요성을 살펴보라.

- 하나님의 완전하고 절대적 계시이신 예수님은 성령의 역사하심을 통해 알 수 있기 때문에 삼위일체를 논의하는 것이 필요하다.

■ 구체적 논의

(1) 요한복음 10장 30절에서 예수님은 자신을 어떻게 소개하셨습니까?

• 요한복음 10장 30절에서는 예수님과 성부 하나님을 하나로 소개하고 있다.

- 아버지 하나님과 일체로서 소개
  요한복음 5장 19절에서는 예수님과 성부 하나님을 구별하고 있다.

(2) 사도행전 5장 3-4절은 성령을 속이는 것이 하나님을 속이는 것이라고 말합니다. 이 성령은 누가 보내십니까?
  - 성부 하나님(요 14:16)

(3) 성령을 다른 말로 무엇이라 부릅니까?
  - 예수 그리스도의 영(갈 4:6)

• 요한복음 12장 49절, 마가복음 13장 32절에서도 예수님이 자신과 아버지를 구별하고 계신다.

(1), (2), (3)의 성경 말씀들은 성부 하나님과 성자 하나님, 성령 하나님이 서로 구별되면서도 하나이심을 말해 준다. 이러한 영적 상태를 삼위일체라고 말한다.

* 참고 성구

요 5:19 그러므로 예수께서 그들에게 이르시되 내가 진실로 진실로 너희에게 이르노니 아들이 아버지께서 하시는 일을 보지 않고는 아무것도 스스로 할 수 없나니 아버지께서 행하시는 그것을 아들도 그와 같이 행하느니라

행 5:3-4 3베드로가 이르되 아나니아야 어찌하여 사탄이 네 마음에 가득하여 네가 성령을 속이고 땅값 얼마를 감추었느냐 4땅이 그대로 있을 때에는 네 땅이 아니며 판 후에도 네 마음대로 할 수가 없더냐 어찌하여 이 일을 네 마음에 두었느냐 사람에게 거짓말한 것이 아니요 하나님께로다

■ 삼위일체에 관한 논의

(1) 삼위일체 교리의 발전

① 인간의 몸으로 이 땅에 오시기 전 성자 그리스도는 어떤 상태로 계셨을까(시 2:7; 요 8:58; 골 1:15-17)?
  - 성경에서는 이에 대하여 적극적으로 말하고 있지는 않다. 다만 선재하신 그리스도를 요한복음 1장 1절에서는 '로고스'라 표현하고 있다. '말씀'이라고 한 까닭은 그리스도는 성부 하나님을 절대적으로 나타내 보이시는 분이기 때문이다.

② 로고스, 즉 성자는 어디로부터 오셨는가?
  - 성부 하나님으로부터 영원한 출생을 하셨다고 말한다. 모든 피조물은 시간의 제한을 받고 있는 데 반해, 예수님은 피조물이 아니시므로 '영원'이라는 표현을 사용했고, 하나님과의 관계가 아버지와 아들의 관계이므로 '출생'이라고 표현한다.

③ 성부와 성자의 본질은 동일한가, 아니면 유사할 뿐인가?
  - 니케아 공의회(주후 325년)에서 유사본질설은 이단으로 정죄되고, 동일본질설이 정통 교

리로 채택되었다. 유사본질이라는 주장은 하나님과 예수님이 대체적으로는 같으나 약간은 다른 점이 있다고 하는 것이다. 그러나 성경 말씀에 의하면 그렇지 않다. 하나님과 예수님은 그 본성과 성품에 있어서 완전히 동일하시다고 말한다. 이것이 동일본질설의 주장이다.

④ 성부와 성자와 성령의 관계는 어떠한가?

- 삼위일체의 관계다.

[참고] 삼위일체란 셋으로 구별이 되나 분리는 되지 않는 하나의 상태를 뜻한다. '위'(位, person)라는 말은 본래 '휘포스타시스'를 번역한 말로, 구별은 되나 분리는 되지 않는 사물의 상태를 표현한 말이었다. 터툴리아누스(Tertullianus)에 의해 사용된 고전적 의미로서는 이 상태를 묘사하기에 가장 적합한 단어였다. 다만 인격체의 중심 또는 핵심이라는 현대적 의미는 없다.

⑤ 성령은 어디로부터 나오셨는가(갈 4:6; 마 10:20)?

- 성령은 성부와 성자로부터 나오신다(아타나시우스 신조, 주후 340년)

[참고] 이 교리는 필리오케 논쟁의 결과로, 즉 동방 교회는 성령이 성부로부터만 나오신다고 보는 데 반해, 로마 교황청을 중심으로 한 서방 교회는 성령이 성부와 성자로부터 나오신다고 본다. 이것이 동서 교회가 나누어지는 계기가 되었다.

* 참고 성구

시 2:7 내가 여호와의 명령을 전하노라 여호와께서 내게 이르시되 너는 내 아들이라 오늘 내가 너를 낳았도다

요 8:58 예수께서 이르시되 진실로 진실로 너희에게 이르노니 아브라함이 나기 전부터 내가 있느니라 하시니

골 1:15-17 [15]그는 보이지 아니하는 하나님의 형상이시요 모든 피조물보다 먼저 나신 이시니 [16]만물이 그에게서 창조되되 하늘과 땅에서 보이는 것들과 보이지 않는 것들과 혹은 왕권들이나 주권들이나 통치자들이나 권세들이나 만물이 다 그로 말미암고 그를 위하여 창조되었고 [17]또한 그가 만물보다 먼저 계시고 만물이 그 안에 함께 섰느니라

요 1:1 태초에 말씀이 계시니라 이 말씀이 하나님과 함께 계셨으니 이 말씀은 곧 하나님이시니라

갈 4:6 너희가 아들이므로 하나님이 그 아들의 영을 우리 마음 가운데 보내사 아빠 아버지라 부르게 하셨느니라

마 10:20 말하는 이는 너희가 아니라 너희 속에서 말씀하시는 이 곧 너희 아버지의 성령이시니라

(2) 삼위일체 교리의 내용

- 하나님의 본성(본질)은 하나이며, 이 한 본성 안에 세 개의 위격(실제적 구별)이 존재한다. 이 삼위는 서로 동등하다. 왜냐하면 각 위격 안에는 나뉘지 않는 하나님으로서의 본성이 다

같이 있고, 각 위격은 하나님으로서의 모든 성품을 다 같이 가지고 있기 때문이다.

(3) 삼위일체 하나님의 역할
 ① 성부 하나님은 우리가 누리는 하늘의 신령한 모든 복의 근원과 기원이시다(엡 1:3).
 ② 성자 예수님은 그 신령한 복이 주어지고 받아들여지는 영역이시다. [참고. "그리스도 안에서"(엡 1:3-4)]. 그래서 하늘의 복은 예수 그리스도를 떠나서는 기대할 수 없다. 예수님을 믿음으로 그분과 연합한 사람만이 누릴 수 있다.
 ③ 성령 하나님은 구체적으로 각 사람에게 신령한 복을 적용시키신다. 즉 내주하신 성령은 각 사람의 속사람을 주장하셔서 예수 그리스도 안에 감추어져 있는 복을 실제적으로 누리게 하신다. 그래서 성령은 성도를 인 치시고 그의 기업의 보증이 되신다고 성경은 말한다(엡 1:13-14).

* 참고 성구
엡 1:3 찬송하리로다 하나님 곧 우리 주 예수 그리스도의 아버지께서 그리스도 안에서 하늘에 속한 모든 신령한 복을 우리에게 주시되
엡 1:13-14 ¹³그 안에서 너희도 진리의 말씀 곧 너희의 구원의 복음을 듣고 그 안에서 또한 믿어 약속의 성령으로 인 치심을 받았으니 ¹⁴이는 우리 기업의 보증이 되사 그 얻으신 것을 속량하시고 그의 영광을 찬송하게 하려 하심이라

▌참고 도서
빌 하이벨스, 《하나님은 이런 분이십니다》(두란노, 2011) | 달라스 윌라드, 《하나님의 음성》(IVP, 2016)
찰스 스탠리, 《하나님의 음성을 듣는 법》(두란노, 2010) | 제임스 패커, 《하나님을 아는 지식》(IVP, 2018)

▌다음 과를 위한 준비 과제
1. 요한복음 15-21장을 매일 한 장씩 읽으십시오.
2. 세 번째 만남 "하나님의 말씀 - 성경"을 미리 공부하십시오.
3. 주일 낮 예배 설교를 요점만 간단히 기록하십시오.
4. 디모데후서 3장 16절과 베드로전서 2장 2절을 암기하십시오.
5. 큐티를 공부한 경우, 매일 큐티를 하고 큐티 나눔을 하도록 하십시오.

■ 이 과의 진행

과제 점검 (15분)	1. 지난 한 주 동안의 삶을 서로 나누십시오. 2. 요한복음 15-21장을 매일 읽었는지 알아보십시오. 　읽은 것에서 인상적인 말씀이 무엇이었는지 알아보십시오. 3. 지난 주간의 큐티 중 받은 은혜를 서로 나누십시오. 4. 지난 과의 요점을 간단히 복습하십시오. 5. 이 과의 성구를 반복해서 암송시키십시오(딤후 3:16; 벧전 2:2). 6. 주일 설교 말씀을 통해서 받은 은혜를 잠깐 나누십시오.
도입 (5분)	1. 키 그림을 가지고 이 과에 적용하여 설명해 주십시오. 2. 교재의 '도입 말'을 통해 이 과의 중요성을 깨닫고 문제의식을 갖게 하십시오.
교재 토의 (60분)	1. 이 과의 요점을 생각하면서 토의하십시오. 2. 동반자에게 한 단락씩 또는 한 문제씩 읽거나 답하게 한 후 양육자가 보충 질문과 설명을 하면서 서로 삶을 나누십시오.
마무리 (10분)	1. 이 과의 요점을 살려서 결론을 맺으십시오. 2. 이 과에서 받은 말씀의 은혜를 가지고 결단의 기도를 드리십시오. 　기도 제목을 나누고 책자 뒤에 있는 〈기도 계획표〉에 기록해 두십시오. 　서로를 위해 중보 기도를 간절히 하고 끝맺으십시오. 3. 다음 과를 위한 준비 과제와 기타 지시 사항을 알려 주십시오.

* 전체 소요 시간을 약 90분으로 한다.

* 구체적인 형편에 따라 융통성 있게 조정해 가면서 진행한다.

* 찬송가: 200장("달고 오묘한 그 말씀"), 205장("주 예수 크신 사랑")

■ 이 과의 요점

1. 성경의 기록 목적을 알게 하여 이에 따라 성경을 읽게 한다.
2. 성경 연구의 다섯 가지 방법을 알게 하고 실제로 성경을 빠르게 보게 한다.

▌줄거리

성경은 어떤 책인가?

성경의 근원과 기록된 목적은 무엇인가?

성경 전체의 중심인물은 누구인가?

성경에 대한 그리스도인들의 자세는 어떠해야 하는가?

성경 연구의 다섯 가지 방법

    1. 듣기

    2. 읽기

    3. 연구

    4. 암송

    5. 묵상

▌도입 말

우리는 성경을 통해 하나님을 알 수 있다. 그것은 하나님이 성경을 통해서 우리에게 말씀하시기 때문이다. 또한 성경은 우리에게 그리스도의 제자로서의 삶의 기본 원리와 지침을 가르쳐 준다. 그러므로 성도는 말씀을 듣고 읽고 연구하고 암송하고 묵상하는 것을 생활화해 말씀을 자신의 삶에 구체적으로 적용시켜 나가야 한다.

▌교재 내용 연구

서언

■ 성경은 어떤 책인가?

구분		권수	성경(66권)
구약 성경 39권	율법서(모세오경)	5권	창세기, 출애굽기, 레위기, 민수기, 신명기
	역사서	12권	여호수아, 사사기, 룻기, 사무엘상, 사무엘하, 열왕기상, 열왕기하, 역대상, 역대하, 에스라, 느헤미야, 에스더
	시가서	5권	욥기, 시편, 잠언, 전도서, 아가서
	선지서 17권 / 대선지서	5권	이사야, 예레미야, 예레미야애가, 에스겔, 다니엘
	선지서 17권 / 소선지서	12권	호세아, 요엘, 아모스, 오바댜, 요나, 미가, 나훔, 하박국, 스바냐, 학개, 스가랴, 말라기

구분		권수	성경(66권)
신약 성경 27권	복음서	4권	마태복음, 마가복음, 누가복음, 요한복음
	역사서	1권	사도행전
	서신 21권 바울서신 13권 • 교리서신 4권 • 옥중서신 4권 • 목회서신 3권 • 일반서신 2권		로마서, 고린도전서, 고린도후서, 갈라디아서 에베소서, 빌립보서, 골로새서, 빌레몬서 디모데전서, 디모데후서, 디도서 데살로니가전서, 데살로니가후서
	사도서신	8권	히브리서, 야고보서, 베드로전서, 베드로후서, 요한일서, 요한이서, 요한삼서, 유다서
	예언서	1권	요한계시록

"하나님의 말씀": 정경(正經, Canon) – 정경이란 '규칙', '측량하는 선', '기준', 혹은 '규범'을 뜻하는 말이다. 정경은 카르타고 회의(주후 397년)에서 최종적으로 확정되었다. 이때 신약 성경 27권의 이름이 지어졌고, 정경 여부를 판단하는 기준이 세워졌다. "정경으로 승인되지 않은 것은 어떤 것도 교회에서 읽히지 말아야 한다." 신약 성경은 사도나 사도의 서기에 의해 쓰여야 한다.

■ 성경의 근원은 무엇입니까?

(1) 구약은 어떤 언어로 쓰였습니까?

• 구약은 히브리어로 쓰였는데, 다만 다니엘서와 에스라서와 예레미야서의 일부분은 아람어로 되어 있다.

(2) 신약은 어떤 언어로 쓰였습니까?

• 신약은 전부 헬라어로 쓰였다.
• 예시된 성경 구절은 창세기 1장 1절(히브리어)과 요한복음 3장 16절(헬라어) 말씀이다.

* 참고 성구

창 1:1 태초에 하나님이 천지를 창조하시니라

요 3:16 하나님이 세상을 이처럼 사랑하사 독생자를 주셨으니 이는 그를 믿는 자마다 멸망하지 않고 영생을 얻게 하려 하심이라

■ 성경이 기록된 목적은 무엇입니까?

(1) 우리를 향한 하나님의 구원에 관한 지식
(2) 하나님과 동행하는 삶에 관한 여러 지침

디모데후서 3장 15-17절을 가지고 성경 기록 목적을 살펴보라.
(1) 구원을 주시기 위해서
(2) 성도의 인격을 온전하게 하고 온전한 삶을 영위하게 하기 위해서

• 성경은 이러한 목적 아래 편집됐다. 성경은 백과사전이 아니다. 성경을 비판하는 자들은 이 점을 오해하고 있는 것이다. 성경은 영생을 얻는 데 필요한 내용을 중점적으로 기록하고 있는 것이다.
• 요한복음 20장 30-31절을 참조하라.
• 이것은 성경이 교훈과 책망, 바르게 함, 의로 교육하기에 유익하기 때문에 가능하다. 각각의 의미를 살펴보라.
  - 교훈: 부모가 자녀에게 그 나이에 걸맞은 가르침을 베푸는 것
  - 책망: 자녀가 그 교훈에 따르지 않을 때 말로 타이르는 것
  - 바르게 함: 말로 해도 안 들을 때 엄하게 가르치는 것
  - 의로 교육: 나이에 걸맞은 내용의 교훈을 행하는 것

  여기에 비춰 볼 때 하나님은 자기 백성을 성경 말씀으로 양육하신다는 것을 알 수 있다.
• 성경의 이런 목적에 비추어 나 자신의 성경 읽는 자세가 바르게 되어 있는지 살펴보라. [참고] 마 6:22-23. 성경을 보는 안목의 중요성을 알 수 있다. 성경을 보는 안목이 바르지 못하면 신앙생활 전체가 흐트러지고, 성경을 보는 안목이 바르면 그의 삶 전체가 올바르게 된다.

* 참고 성구

딤후 3:15-17 ¹⁵또 어려서부터 성경을 알았나니 성경은 능히 너로 하여금 그리스도 예수 안에 있는 믿음으로 말미암아 구원에 이르는 지혜가 있게 하느니라 ¹⁶모든 성경은 하나님의 감동으로 된 것으로 교훈과 책망과 바르게 함과 의로 교육하기에 유익하니 ¹⁷이는 하나님의 사람으로 온전하게 하며 모든 선한 일을 행할 능력을 갖추게 하려 함이라

요 20:30-31 ³⁰예수께서 제자들 앞에서 이 책에 기록되지 아니한 다른 표적도 많이 행하셨으나

³¹오직 이것을 기록함은 너희로 예수께서 하나님의 아들 그리스도이심을 믿게 하려 함이요 또 너희로 믿고 그 이름을 힘입어 생명을 얻게 하려 함이니라

마 6:22-23 ²²눈은 몸의 등불이니 그러므로 네 눈이 성하면 온몸이 밝을 것이요 ²³눈이 나쁘면 온몸이 어두울 것이니 그러므로 네게 있는 빛이 어두우면 그 어둠이 얼마나 더하겠느냐

■ 성경 전체의 중심인물은 누구입니까?

예수 그리스도(요 5:39)

- 성경 전체의 주제는 예수 그리스도다. 그러므로 성경은 '예수 그리스도의 빛' 가운데 읽어야 한다. (성경 각 부분을 읽을 때 예수 그리스도를 생각하며 읽어야 한다.)
- 예수 그리스도는 하나님을 완전하게 나타내 보여 주는 분이시다. (요한복음 1장 1절은 그리스도를 "말씀"이라고 묘사하고 있다.)

■ 성경에 대한 그리스도인의 자세는 어떠해야 합니까?

사모하는 마음

- 아기가 어떻게 엄마 젖을 빠는가를 아기의 입장에서 이야기해 보라. 오늘날 그리스도인들이 이처럼 온 힘을 다해 말씀을 사모하는가?
- 시편 119편 97-102절에서는 그리스도인의 자세를 어떻게 말하고 있는가?
  ① 말씀 사랑
  ② 말씀 묵상
  ③ 말씀 가르침을 받음
  ④ 말씀 준수
- 이러한 자세들에 비추어 볼 때 나는 어떠한가?
- 찰스 스탠리(Charles Stanley)의 다음 말에 귀기울여 보라. "내가 하나님의 말씀을 깨닫지 못할 때 나 자신만 죽는 것으로 끝나는 게 아니라 나로 말미암아 하나님의 말씀을 들어야 할 내 주위에 있는 사람들을 죽이는 것이다."

요 1:1 태초에 말씀이 계시니라 이 말씀이 하나님과 함께 계셨으니 이 말씀은 곧 하나님이시니라
시 119:97-102 [97]내가 주의 법을 어찌 그리 사랑하는지요 내가 그것을 종일 작은 소리로 읊조리나
이다 [98]주의 계명들이 항상 나와 함께하므로 그것들이 나를 원수보다 지혜롭게 하나이다 [99]내
가 주의 증거들을 늘 읊조리므로 나의 명철함이 나의 모든 스승보다 나으며 [100]주의 법도들을
지키므로 나의 명철함이 노인보다 나으니이다 [101]내가 주의 말씀을 지키려고 발을 금하여 모든
악한 길로 가지 아니하였사오며 [102]주께서 나를 가르치셨으므로 내가 주의 규례들에서 떠나지
아니하였나이다

■ 성경 연구의 다섯 가지 방법

듣기/ 읽기/ 연구/ 암송/ 묵상
- 대개 이 다섯 가지로 말씀을 대할 때 그
  말씀은 힘이 있고 능력을 발휘한다.

- 성경 뺏기:
  - 성경을 엄지와 새끼손가락으로 받치고 상
    대방이 뺏게 한다. 그런 다음 한 손가락씩
    더한 후 뺏도록 해 보라. 마지막으로 네 손
    가락으로만 잡은 채 엄지만 펴 보라. 어느
    경우에 뺏기가 용이한지 비교해 보라.
- 손가락은 성경 연구 방법들을 가리킨다.
  우리 자신의 태도는 어떠한지 서로 나누
  어 보라.

1. 듣기(롬 10:17)

(1) 누가복음 8장 15절에 의하면 하나님
    말씀을 어떤 자세로 받으라고 합니까?
    - 착하고 좋은 마음

(2) 데살로니가전서 2장 13절과 사도행전
    17장 11절에서는 설교를 듣는 자세에
    대해 무엇을 강조합니까?
    - "사람의 말로 받지 아니하고 하나님
      의 말씀으로 받음"(살전 2:13).
    - "간절한 마음으로 말씀을 받고 이것
      이 그러한가 하여 날마다 성경을 상
      고하므로"(행 17:11).

- 이 문제는 사지선다 형식이지만 지침서와
  같이 인도하는 것이 좋겠다.
- '착하고 좋은 마음'이란 복음 전파로 그 열
  매가 나타난다. [참고] 눅 8:15-18
- 설교를 들을 때 그것을 무엇으로 받아들
  이는가? 설교자의 말로 받는가, 아니면 하
  나님의 말씀으로 받는가? 또한 설교를 듣
  고 난 후에는 그 말씀에 대해서 어떻게 관
  리하는가?

* 참고 성구

눅 8:15-18 ¹⁵좋은 땅에 있다는 것은 착하고 좋은 마음으로 말씀을 듣고 지키어 인내로 결실하는 자니라 ¹⁶누구든지 등불을 켜서 그릇으로 덮거나 평상 아래에 두지 아니하고 등경 위에 두나니 이는 들어가는 자들로 그 빛을 보게 하려 함이라 ¹⁷숨은 것이 장차 드러나지 아니할 것이 없고 감추인 것이 장차 알려지고 나타나지 않을 것이 없느니라 ¹⁸그러므로 너희가 어떻게 들을까 스스로 삼가라 누구든지 있는 자는 받겠고 없는 자는 그 있는 줄로 아는 것까지도 빼앗기리라 하시니라

2. 읽기(계 1:3)

(1) 성경을 매일 읽어야 하는 이유는 (신 17:19)?
① 하나님 경외하기를 배우며
② 그 말씀을 지켜 행하기 위해서

(2) 요한계시록 1장 3절을 당신 자신의 말로 적어 보십시오.
- "하나님의 말씀을 읽고 듣고 지켜 행하는 자"에서 '자' 대신 '나'를 적어 보라.

[참고] 전 12:13
성경을 읽어야 함은 사람의 본분이다.
• 당신은 무엇 때문에 성경을 읽는가? 자기 생각의 합리화, 지적 욕구 충족 등의 동기로 읽고 있지는 않은지 자신을 살펴보라.
• 내게 임할 '복'이란 무엇인가? 영생, 즉 하나님은 아버지로서, 나는 그분의 자녀로서 교제하고 동행하며 내가 그분의 인도를 받는 것이다.

* 참고 성구

전 12:13 일의 결국을 다 들었으니 하나님을 경외하고 그의 명령들을 지킬지어다 이것이 모든 사람의 본분이니라

3. 연구(행 17:11)

(1) 어떤 자세로 말씀을 연구해야 한다고 말합니까?
- "은을 구하는 것같이 … 감추어진 보배를 찾는 것같이"(잠 2:4).

• 은을 구하는 자세에 대해 말해 보라. 수차례 거듭된 정제 과정을 통해 은을 얻게 되는 것처럼, 거듭된 묵상을 통해서 주의 교훈을 얻는 자세를 말한다.
• 감추어진 보배를 찾는 자세에 대해 나누어 보라. 어떤 심정일까? (마태복음 9장 20-22절의 혈루증 걸린 여인의 심정을 살펴보라.)
• 나는 성경 말씀을 듣고 읽는 데 그치지 않고 연구도 하는가? 연구하는 나의 자세는 어떠한가?

(2) 성경을 연구하는 목적은 무엇입니까 (딤후 2:15)? - 진리의 말씀을 옳게 분별하며, 하나님 앞에서 부끄러울 것이 없는 일꾼으로 인정된 자로 자신을 하나님 앞에 드리기 위해서	• 아무리 열심을 내어도 진리의 말씀을 옳게 분별하지 못하면 하나님 앞에서 부끄러운 자로 드러나고 만다. 예) 다메섹 도상의 사울의 경우(회심 전) • 로마서 12장 1절의 예배를 위해서 로마서 12장 2절의 말씀이 주어지고 있는 점을 생각해 보라. (하나님이 기뻐 받으시는 거룩한 산 제사를 드리기 위해서는 그분의 뜻을 잘 분별해야 한다고 말하고 있다.)
(3) 초신자들을 위한 성경 공부 보조 자료	• 관주 성경, 성구 사전 등은 좋으나, 해설이나 주석이 달린 성경은 묵상의 깊이를 스스로 제한하며 또 한쪽으로 치우칠 수도 있는 시각을 제공하므로 조심해야 한다.

* 참고 성구

마 9:20-22 [20]열두 해 동안이나 혈루증으로 앓는 여자가 예수의 뒤로 와서 그 겉옷 가를 만지니 [21]이는 제 마음에 그 겉옷만 만져도 구원을 받겠다 함이라 [22]예수께서 돌이켜 그를 보시며 이르시되 딸아 안심하라 네 믿음이 너를 구원하였다 하시니 여자가 그 즉시 구원을 받으니라

롬 12:1-2 [1]그러므로 형제들아 내가 하나님의 모든 자비하심으로 너희를 권하노니 너희 몸을 하나님이 기뻐하시는 거룩한 산 제물로 드리라 이는 너희가 드릴 영적 예배니라 [2]너희는 이 세대를 본받지 말고 오직 마음을 새롭게 함으로 변화를 받아 하나님의 선하시고 기뻐하시고 온전하신 뜻이 무엇인지 분별하도록 하라

4. 암송(시 119:9, 11)

(1) 하나님은 그분의 말씀을 어떻게 하기를 원하십니까?
    - 마음과 뜻에 둠(신 11:18)
    - 마음 판에 새김(잠 7:3)
	• 말씀을 마음 판에 새기면 그 말씀은 마음에 영향을 주고 결국에는 행동에까지 영향을 미친다.
	 • 정으로 돌판에 글자를 새기는 것을 말한다. 먹이나 페인트로 적어 두는 정도가 아니다.

(2) 예수님은 사탄의 시험을 어떻게 이기셨습니까? 　- 하나님의 말씀으로	• 예수님은 구약 말씀을 인용하여 이 시험을 이기셨다. 말씀을 암송하지 않으면 적시에 인용할 수 없다. • 예수님은 성경 66권 전체가 아니라 그분의 구체적인 상황에 가장 적합한 말씀을 인용하셨다.
(3) "그리스도의 말씀이 너희 속에 풍성히 거하여"(골 3:16)의 의미: 그리스도의 말씀이 우리 마음의 그릇에 풍성히 담겨 온전히 지배하는 상태	• '거하다'의 의미는 일시적 체류가 아닌 영주, 즉 영원한 거주의 뜻을 담고 있다. • 이것은 말씀이 마음을 스쳐 가는 상태가 아니라 마음을 지배하는 상태를 말한다. 또한 이것은 성령 충만한 상태를 의미하기도 한다.
(4) 성구 암송 계획을 세우고 실행해야 합니다.	
(5) 암기 능력에 차이가 있습니다.	• 암송은 할수록 점점 더 잘하게 된다.

5. 묵상(시 1:1-2)

말씀 묵상을 위한 질문 a. 본문의 문맥 속에서 이 말씀이 의미하는 바는 무엇인가? (올바른 해석) b. 이 말씀이 나의 삶에 어떤 영향을 주는가? 　(적용)	• 큐티 이론을 참조하라.
(1) 하나님의 말씀을 끊임없이 묵상하는 자에게 어떤 약속이 주어집니까? 　- 시냇가에 심은 나무처럼 신앙의 열매를 늘 맺게 된다(시 1:2-3).	• 팔레스타인의 사막에는 풀 한 포기도 없지만, 우기 때 물이 흐르던 시냇가에는 풀과 나무가 자라고 있음을 볼 수 있다.

- 우리의 길이 평탄하게 되고, 하는 일이 형통하게 된다(수 1:8).

- 다윗의 죄악과 그 후손들의 길이 어떠했는지 생각해 보라. [참고] 삼하 12:10. 그 후손들에게 칼이 그칠 날이 없었다.

(2) 말씀 묵상이 내게 어떻게 영향을 줄 수 있습니까(눅 6:45)?
- 말씀은 마음 → 생각 → 행위 → 습관 → 성격의 순으로 영향을 준다.

- "마음에 쌓은 선에서 선을 내고"란 말씀은 마음을 보배합으로 비유하고 있다. 이 보배합에 하나님 말씀을 쌓아 놓으면 여기에서 선한 말과 행동이 나온다는 뜻이다.
- 내 마음의 보배합에는 무엇이 쌓여 있는지 살펴보는 일은 중요하다. 무엇이 쌓여 있는지 동반자에게 글로 쓰게 해서 나누어 보라.

(3) 하나님의 말씀을 이해하기 위해서는 어떻게 해야 합니까(시 119:18, 73, 125)?
- 성경 말씀은 성령의 감동으로 기록된 것이므로, 깨달음을 위해서 성령의 도우심을 기도해야 한다.

- 시편 119편 18, 73, 125절은 모두 기도 형식을 취하고 있으며, 깨달음을 간구하고 있다.
[참고] 엡 1:17. 지혜와 계시의 영이신 성령의 도우심을 간구하는 일의 중요성을 말하고 있다.
- 우리 각자는 하나님의 말씀을 묵상할 때 실제로 어떻게 하고 있는가?

* 참고 성구

삼하 12:10 이제 네가 나를 업신여기고 헷 사람 우리아의 아내를 빼앗아 네 아내로 삼았은즉 칼이 네 집에서 영원토록 떠나지 아니하리라 하셨고

엡 1:17 우리 주 예수 그리스도의 하나님, 영광의 아버지께서 지혜와 계시의 영을 너희에게 주사 하나님을 알게 하시고

■ 주어진 도표를 활용하라. 특별히 현재의 주간 계획을 먼저 살펴보고 새로운 목표와 계획을 세워 매일 점검함으로써 실제로 적용될 수 있도록 하라.

- 적용: 말씀 듣는 것을 주일 낮에만 했었다면 새로운 목표와 계획을 세울 때는 주일 낮만이 아니라 저녁에도 듣겠다는 식으로 해 볼 수 있다.

■ 무디와 제롬, 펠프스의 글을 읽고 특별히 마음에 와닿는 부분을 이야기해 보고 그 이유를 서로 나누어 보십시오.

▌참고 도서

김성일, 《성경과의 만남》(국민일보사, 1993)

강준민, 《성경 암송의 축복》(두란노, 2006)

마크 스트롬, 《성경 교향곡》(IVP, 1993)

고든 피 외, 《성경을 어떻게 읽을 것인가》(성서유니온, 2016)

▌다음 과를 위한 준비 과제

1. 주일 낮 예배 설교를 요점만 간단히 기록하십시오.

2. 빌립보서를 읽으십시오.

3. 네 번째 만남 "기도"를 미리 공부하십시오.

4. 요한복음 15장 7절과 빌립보서 4장 6-7절을 암기하십시오.

5. 매일 큐티를 하고 큐티 나눔을 하도록 하십시오.

■ 이 과의 진행

과제 점검 (15분)	1. 지난 한 주 동안의 삶을 서로 나누십시오. 2. 빌립보서를 매일 읽었는지 알아보십시오. 　읽은 것에서 인상적인 말씀이 무엇이었는지 알아보십시오. 3. 지난 주간의 큐티 중 받은 은혜를 서로 나누십시오. 4. 지난 과의 요점을 간단히 복습하십시오. 5. 이 과의 성구를 반복해서 암송시키십시오.(요 15:7; 빌 4:6-7) 6. 주일 설교 말씀을 통해서 받은 은혜를 잠깐 나누십시오.
도입 (5분)	1. 키 그림을 가지고 이 과에 적용하여 설명해 주십시오. 2. 교재의 '도입 말'을 통해 이 과의 중요성을 깨닫고 문제의식을 갖게 하십시오.
교재 토의 (60분)	1. 이 과의 요점을 생각하면서 토의하십시오. 2. 동반자에게 한 단락씩 또는 한 문제씩 읽거나 답하게 한 후 양육자가 보충 질문과 설명을 하면서 서로 삶을 나누십시오.
마무리 (10분)	1. 이 과의 요점을 살려서 결론을 맺으십시오. 2. 이 과에서 받은 말씀의 은혜를 가지고 결단의 기도를 드리십시오. 　기도 제목을 나누고 책자 뒤에 있는 〈기도 계획표〉에 기록해 두십시오. 　서로를 위해 중보 기도를 간절히 하고 끝맺으십시오. 3. 다음 과를 위한 준비 과제와 기타 지시 사항을 알려 주십시오.

* 전체 소요 시간을 약 90분으로 한다.
* 구체적인 형편에 따라 융통성 있게 조정해 가면서 진행한다.
* 찬송가: 364장("내 기도하는 그 시간"), 539장("너 예수께 조용히 나가")

■ 이 과의 요점

1. 기도의 필요성을 깨닫게 하여 실제로 기도에 힘쓰게 한다.
2. 기도가 무엇이며, 기도는 무엇 때문에 하며, 기도의 내용과 자세는 어떠해야 하는지 알게 한다.

▌줄거리

서언

1. 기도란 무엇인가?

2. 누구에게 기도하는가?

3. 누가 기도할 수 있는가?

4. 왜 기도해야 하는가?

5. 언제 기도해야 하는가?

6. 무엇을 기도해야 하는가?

7. 어떻게 하면 확신 있게 기도할 수 있는가?

▌도입 말

기도는 하나님과의 친밀한 교제를 가능하게 한다. 그러므로 기도는 성도가 그의 삶 가운데서 하나님의 형상을 회복하는 데 있어 매우 중요한 요소다. 기도를 '성도의 호흡'이라고도 하는데, 이 말은 성도에게 기도가 얼마나 절실한 것인지를 나타내 준다. 찰스 핫지(Charles Hodge)는 "기도 생활을 하지 않는 그리스도인과 맥박이 뛰지 않는 사람은 죽은 것과 다름없다"고 했다.

고든은 다음과 같이 말했다. "오늘날 이 세상의 위대한 사람들은 기도하는 사람들이다. 기도에 대해서 말하거나 설명할 수 있는 사람이 아니라, 시간을 내어 기도하는 사람들이다. 그들은 시간이 없다. '다른 어떤 일'에서 시간을 떼어 내야만 한다. 다른 어떤 일도 중요하다. 대단히 중요하며 긴급하다. 그러나 기도만큼 중요하고 긴급하지는 않다." 이 말은 신앙생활에 있어서의 우선순위를 잘 말해 준다.

▌교재 내용 연구

서언

■ 교재의 머리글을 읽고 특별히 마음에 와닿는 부분을 서로 말하라. 그 이유도 이야기해 보라.

기도를 어떻게 설명하고 있는가?

a. 하나님과의 친밀한 교제를 이루어 줌

b. 성경 말씀으로 말씀하시는 주님께 응답하는 일

c. 하나님의 능력이 나타나게 하는 방법

d. 영적 싸움에서 승리할 수 있음

e. 삶을 변화시키는 하나님의 능력을 체험

• 기도를 통해서 자신의 삶에 변화를 체험한 적이 있으면 서로 나누어 보라.

(엡 6:18, "항상 성령 안에서 기도": 영적 전쟁은 기도를 통해서만 승리할 수 있다.)

• 서언을 공부하면서 동반자로 하여금 기도해야겠다는 마음이 일어나게 하라.

124

1. 기도란 무엇입니까?

1) 히브리서 4장 14-16절에서는 기도를 어떻게 묘사하고 있는가?
   - 은혜의 보좌 앞에 나아가는 것

- "때를 따라(in time of need) 돕는 은혜"에서 '때를 따라'란 무엇을 뜻하는가? (우리가 주의 도우심이 필요하다고 느낄 때를 말한다.)
- 자신의 연약함과 죄악 됨을 깊이 깨달은 사람은 매 순간 주님의 도우심을 갈망한다. 이런 사람이 믿음으로 사는 자이며, 복된 자다.
- '기도 안 해도 하나님이 다 알아서 해 주시겠지' 하는 태도에 대해 어떻게 생각하는가? (롬 8:4, "그 영을 따라 행하는 우리에게": 적극적으로 하나님을 따르는 자세를 요구하시는 주의 뜻을 모르는 사람이다.)

* 참고 성구

히 4:14-16 ¹⁴그러므로 우리에게 큰 대제사장이 계시니 승천하신 이 곧 하나님의 아들 예수시라 우리가 믿는 도리를 굳게 잡을지어다 ¹⁵우리에게 있는 대제사장은 우리의 연약함을 동정하지 못하실 이가 아니요 모든 일에 우리와 똑같이 시험을 받으신 이로되 죄는 없으시니라 ¹⁶그러므로 우리는 긍휼하심을 받고 때를 따라 돕는 은혜를 얻기 위하여 은혜의 보좌 앞에 담대히 나아갈 것이니라

롬 8:4 육신을 따르지 않고 그 영을 따라 행하는 우리에게 율법의 요구가 이루어지게 하려 하심이니라

2) 기도에 대한 일반적 오해들
   - 다음 문제점들을 통해 동반자가 기도에 대해 갖고 있는 이해와 자세를 점검하게 하여, 문제의식을 느끼며 공부하게 한다. 2번 이하에 자세히 나오므로 여기서는 간략하게 살펴본다.
   (1) 대상: 참선이나 명상과 같다는 생각

- 이것은 하나님을 향하는 것이 아니라 자신과의 대화나 교제다.

   (2) 자격: 자연인 누구나 할 수 있다는 생각

- 기도는 그리스도 안에서 하나님과의 관계가 회복된 그리스도인만이 가능하다.

- 요한복음 16장 24절에서 "내 이름으로"란 말씀은 예수 그리스도의 어떤 역할을 나타내는가?
  a. 대제사장으로서의 역할
  b. 복이 주어지는 영역으로서의 역할(b에 관해서는, 110쪽 3단원 "하나님의 속성" '(3) 삼위일체 하나님의 역할'을 참고하라.)

(3) 목적: 자기 소원을 일방적으로 청구하는 것이라는 생각

- 요한복음 15장 7절에서 "너희가 내 안에 거하고"와 "내 말이 너희 안에 거하면"이라는 말씀은 무엇을 뜻하는가? (전자: 예수 그리스도를 영접하는 것, 후자: 주의 말씀으로 다스림 받는 것. 이는 주님과 나의 진정한 '한 몸' 관계를 나타낸다.) [참고] 엡 4:16(유기체적 관계)
  - 나의 간구는 물질적 가치관과 정신적 가치관, 영적 가치관 중 어디에 치중해 있는지 살펴보라.
- 나는 하나님과의 관계를 더욱 깊게 하기 위하여 얼마나 기도에 힘쓰고 있는가?
- 기도에는 공중 기도와 골방 기도(개인 기도)가 있다.

(4) 종류: 공중 예배 때만 드리는 것으로 생각하는 경향

- 바리새인의 외식적인 기도를 경계(마 6:6) 주기도문: 공중 기도(마 6:9-15)
- 기도는 은밀히 개인적으로 사랑하는 사람을 만나듯이 하나님을 만나는 것이다. 당신의 골방은 어디인가? 예) 방, 지하철, 부엌, 출근길 등

(5) 자세: 중언부언하는 기도의 자세
  - 이것은 마음에 없는 말을 형식적으로 늘어놓는 기도를 뜻한다.

- 이방인의 기도 자세(마 6:7)
- 나는 생각이 없는 기도, 마음에 없는 기도, 행할 뜻과 의지가 없는 기도를 하고 있지는 않은지 반성해 보라.
- 이 말씀은 같은 내용을 반복해서 드리는 기도를 탓하는 것은 아니다.
- 전도서 5장 2절을 읽고 느낀 점을 말해 보라.

요 16:24 지금까지는 너희가 내 이름으로 아무것도 구하지 아니하였으나 구하라 그리하면 받으리니 너희 기쁨이 충만하리라

요 15:7 너희가 내 안에 거하고 내 말이 너희 안에 거하면 무엇이든지 원하는 대로 구하라 그리하면 이루리라

엡 4:16 그에게서 온몸이 각 마디를 통하여 도움을 받음으로 연결되고 결합되어 각 지체의 분량대로 역사하여 그 몸을 자라게 하며 사랑 안에서 스스로 세우느니라

마 6:6-7 ⁶너는 기도할 때에 네 골방에 들어가 문을 닫고 은밀한 중에 계신 네 아버지께 기도하라 은밀한 중에 보시는 네 아버지께서 갚으시리라 ⁷또 기도할 때에 이방인과 같이 중언부언하지 말라 그들은 말을 많이 하여야 들으실 줄 생각하느니라

전 5:2 너는 하나님 앞에서 함부로 입을 열지 말며 급한 마음으로 말을 내지 말라 하나님은 하늘에 계시고 너는 땅에 있음이니라 그런즉 마땅히 말을 적게 할 것이라

2. 기도는 누구에게 합니까? (기도의 대상)

(1) 기도하는 사람이 먼저 믿어야 할 사실은 무엇입니까(히 11:6)?
  ① 하나님이 계신다는 사실
  ② 하나님은 자기를 찾는 자들에게 상 주시는 분이라는 사실

- 기도의 대상에 대한 분명한 인식이 필요하다.
- 하나님이 당신의 기도를 들으시고 돌봐 주시리라고 믿는가?
  [참고] 막 11:24; 롬 14:23; 약 1:5-6
- "불신은 진정한 대화를 방해한다."
- 기도는 하나님과의 대화이므로 먼저 관계의 회복이 필요하다. 그리스도의 공로를 힘입지 않은 기도는 아무 소용이 없다.

[참고] '성령의 사역을 통하여'란 무슨 뜻인가?

- 기도는 성령의 인도하심과 도우심을 받아야 한다. 그렇지 않으면 자신의 욕심에 따라 구하게 되어 기도가 하나님께 상달되지 않기 때문이다.

(2) 우리가 기도할 때 누가 우리를 위한 중보자가 되십니까?
  예수 그리스도(롬 8:34)
  성령님(롬 8:26-27)

- 아버지 하나님께 기도를 드리되 성령의 인도하심을 받아 예수 그리스도의 이름으로 하는 것이다.
- 예수님이 중보자로서 하시는 일:

① 기도해 주신다(히 7:25).

② 기도의 자격을 부여하신다(요 16:23).

③ 허물을 덮어 주신다(요일 2:1).

- 로마서 8장 26절의 "도우시나니"라는 말씀은 손을 내밀어 붙드신다는 뜻이다. 자식이 바르게 자라도록 기도하는 어머니처럼, 성령은 심히 탄식하시며 내 영혼을 붙들고 나와 함께 기도하신다. 이것을 믿는가?

*** 참고 성구**

막 11:24 그러므로 내가 너희에게 말하노니 무엇이든지 기도하고 구하는 것은 받은 줄로 믿으라 그리하면 너희에게 그대로 되리라

롬 14:23 의심하고 먹는 자는 정죄되었나니 이는 믿음을 따라 하지 아니하였기 때문이라 믿음을 따라 하지 아니하는 것은 다 죄니라

약 1:5-6 ⁵너희 중에 누구든지 지혜가 부족하거든 모든 사람에게 후히 주시고 꾸짖지 아니하시는 하나님께 구하라 그리하면 주시리라 ⁶오직 믿음으로 구하고 조금도 의심하지 말라 의심하는 자는 마치 바람에 밀려 요동하는 바다 물결 같으니

히 7:25 그러므로 자기를 힘입어 하나님께 나아가는 자들을 온전히 구원하실 수 있으니 이는 그가 항상 살아 계셔서 그들을 위하여 간구하심이라

요 16:23 그날에는 너희가 아무것도 내게 묻지 아니하리라 내가 진실로 진실로 너희에게 이르노니 너희가 무엇이든지 아버지께 구하는 것을 내 이름으로 주시리라

요일 2:1 나의 자녀들아 내가 이것을 너희에게 씀은 너희로 죄를 범하지 않게 하려 함이라 만일 누가 죄를 범하여도 아버지 앞에서 우리에게 대언자가 있으니 곧 의로우신 예수 그리스도시라

3. 누가 기도할 수 있습니까? (기도자의 자격)

(1) 그리스도께 속한 자만이 기도할 수 있습니다.

- 그리스도를 영접한 자만이 하나님을 아버지라 부를 수 있는 권세가 있기 때문이다(롬 8:15; 요 1:12).

- 기도는 특권이다. 당신은 그렇게 생각하고 있는가? 이 사실을 깨닫고 있을 때 어떤 유익이 있겠는가? (마지못해서가 아니라 기쁨으로 자랑스럽게 기도할 수 있다.)

(2) 예수님의 권세와 이름으로 나오는 사람들입니다.
  ① 예수님은 하나님께 나아가는 유일한 길이시다(요 14:6).
  ② 예수님은 유일한 중보자시다 (딤전 2:5).
  ③ 예수님의 이름으로 구하면 이루겠다고 약속하셨다(요 14:14).

• 예수님의 이름은 어떠한 이름인가?
  - 용서를 준다. 교제를 가능하게 한다. 섬기게 한다. 사역을 힘 있게 해 준다.
• "예수님의 지극히 높으신 이름, 이 땅에서나 하늘에서, 지옥에서도 높임을 받으시도다. 천사도 사람도 그 이름 앞에 감히 서지 못하니 마귀가 무서워 달아나는도다"(찰스 웨슬리).
• 예수님은 완전한 중보자시다. 왜냐하면 죄가 없으신 하나님의 아들이시며, 인간의 모든 시험을 직접 겪으셔서 우리를 동정하실 수 있는 분이기 때문이다.

* 참고 성구

롬 8:15 너희는 다시 무서워하는 종의 영을 받지 아니하고 양자의 영을 받았으므로 우리가 아빠 아버지라고 부르짖느니라

요 1:12 영접하는 자 곧 그 이름을 믿는 자들에게는 하나님의 자녀가 되는 권세를 주셨으니

요 14:6 예수께서 이르시되 내가 곧 길이요 진리요 생명이니 나로 말미암지 않고는 아버지께로 올 자가 없느니라

딤전 2:5 하나님은 한 분이시요 또 하나님과 사람 사이에 중보자도 한 분이시니 곧 사람이신 그리스도 예수라

요 14:14 내 이름으로 무엇이든지 내게 구하면 내가 행하리라

4. 왜 기도해야 합니까? (기도의 목적)

(1) 하나님과 교제하기 위하여

• 기도는 하나님께 나아가는 것이며, 그분을 자기 앞에 모시는 것이다.

(2) 하나님을 영화롭게 하기 위하여 (요 14:13)

• 아들 예수 그리스도를 높이는 것은 이 아들을 보내신 아버지를 영광스럽게 하는 일이다.

(3) 영적 성장을 위하여

• '기도는 영적 양식의 중요한 공급원'이라는 말에 대해 어떻게 생각하는가? 이것을

실감한 경우가 있으면 나누어 보라.

(4) 하나님의 계획을 이루기 위하여

- 주기도문에는 기도의 우선순위가 나타나 있다. 가장 먼저 기도해야 할 것은 무엇인가? (하나님과 그분의 뜻을 구하는 것)
- 기도는 하나님이 우리의 삶에 관여하시는 거룩한 방법이다. 나는 하나님이 나의 삶에 관여하시기를 사모하며 기도하고 있는가?

(5) 나의 소망을 아뢰기 위하여(빌 4:6-7)

- 주님은 우리의 연약함을 이해하고 함께 느껴 주는 분이시다(히 4:15). 빌립보서 4장 6-7절을 읽고 주님께 아뢰는 나 자신의 태도를 점검해 보라.
- 앞의 기도의 목적들에 비추어 볼 때 내가 기도하는 자세는 어떠한가?

* 참고 성구

요 14:13 너희가 내 이름으로 무엇을 구하든지 내가 행하리니 이는 아버지로 하여금 아들로 말미암아 영광을 받으시게 하려 함이라

빌 4:6-7 ⁶아무것도 염려하지 말고 다만 모든 일에 기도와 간구로, 너희 구할 것을 감사함으로 하나님께 아뢰라 ⁷그리하면 모든 지각에 뛰어난 하나님의 평강이 그리스도 예수 안에서 너희 마음과 생각을 지키시리라

히 4:15 우리에게 있는 대제사장은 우리의 연약함을 동정하지 못하실 이가 아니요 모든 일에 우리와 똑같이 시험을 받으신 이로되 죄는 없으시니라

5. 언제 기도해야 합니까?

(1) 끊임없이, 그리고 범사에 기도하라.

- 골로새서 4장 2절의 "기도를 계속하고"[to attend constantly(steadfastly)]란 말씀은 어떤 상황에서도 흔들림 없이 기도하라는 뜻이다. [참고] 엡 6:18
- "고통이 다가와도, 과오가 나를 억압해도, 염려로 마음이 산란해져도, 두려움이 엄습해 올 때도, 죄책감으로 낙심이 되어도

나는 항상 깨어 기도하리."
- 사무엘 선지자는 "기도하기를 쉬는 죄"(삼상 12:23)를 말했다. 당신은 이것을 죄로 여기고 있는가?
- 범사에 주님을 인정하며 기도하는가?
- 무시로 성령 안에서 기도하기를 힘쓰는가?

(2) 매일 경건의 시간을 가지라.

- 나는 경건의 시간을 갖기 위해 어떤 계획을 세우며 노력하고 있는가?

(3) 그룹 기도, 대화식 기도(sentence prayer), 통성 기도를 활용하라.

- 마태복음 18장 19절에서 예수님은 합심 기도에 대해 어떻게 말씀하시는가?
- 오순절 성령 강림 사건(행 2:1-2), 베드로 출옥 사건(행 12:6-12), 바나바와 바울의 선교 파송 등은 합심 기도의 결과였다.
- 다른 사람들에게 나의 문제를 내놓고 기도하는 것을 꺼려하지는 않는가?
- 오랫동안 풀리지 않던 문제가 합심해서 기도할 때 해결되었던 적이 있는가? 있다면 서로 나누어 보라.

* 참고 성구

골 4:2 기도를 계속하고 기도에 감사함으로 깨어 있으라

엡 6:18 모든 기도와 간구를 하되 항상 성령 안에서 기도하고 이를 위하여 깨어 구하기를 항상 힘쓰며 여러 성도를 위하여 구하라

삼상 12:23 나는 너희를 위하여 기도하기를 쉬는 죄를 여호와 앞에 결단코 범하지 아니하고 선하고 의로운 길을 너희에게 가르칠 것인즉

마 18:19 진실로 다시 너희에게 이르노니 너희 중의 두 사람이 땅에서 합심하여 무엇이든지 구하면 하늘에 계신 내 아버지께서 그들을 위하여 이루게 하시리라

행 1:14 여자들과 예수의 어머니 마리아와 예수의 아우들과 더불어 마음을 같이하여 오로지 기도에 힘쓰더라

행 2:1-2 [1]오순절 날이 이미 이르매 그들이 다 같이 한곳에 모였더니 [2]홀연히 하늘로부터 급하고 강한 바람 같은 소리가 있어 그들이 앉은 온 집에 가득하며

행 12:6-12 ⁶헤롯이 잡아내려고 하는 그 전날 밤에 베드로가 두 군인 틈에서 두 쇠사슬에 매여 누워 자는데 파수꾼들이 문밖에서 옥을 지키더니 ⁷홀연히 주의 사자가 나타나매 옥중에 광채가 빛나며 또 베드로의 옆구리를 쳐 깨워 이르되 급히 일어나라 하니 쇠사슬이 그 손에서 벗어지더라 ⁸천사가 이르되 띠를 띠고 신을 신으라 하거늘 베드로가 그대로 하니 천사가 또 이르되 겉옷을 입고 따라오라 한대 ⁹베드로가 나와서 따라갈새 천사가 하는 것이 생시인 줄 알지 못하고 환상을 보는가 하니라 ¹⁰이에 첫째와 둘째 파수를 지나 시내로 통한 쇠문에 이르니 문이 저절로 열리는지라 나와서 한 거리를 지나매 천사가 곧 떠나더라 ¹¹이에 베드로가 정신이 들어 이르되 내가 이제야 참으로 주께서 그의 천사를 보내어 나를 헤롯의 손과 유대 백성의 모든 기대에서 벗어나게 하신 줄 알겠노라 하여 ¹²깨닫고 마가라 하는 요한의 어머니 마리아의 집에 가니 여러 사람이 거기에 모여 기도하고 있더라

6. 무엇을 기도해야 합니까? (기도의 내용 및 순서)

• 다음의 다섯 가지는 기도의 순서를 말한다.

(1) 찬양
■ 어떻게 찬양해야 합니까?
 ① 하나님의 본성과 성품에 대해 바르게 이해한 가운데서 여기에 합당하게 (대상 29:11)
 ② 날마다 나의 삶 가운데서 의지적으로 [시 145:1-6(2절)]

• 여기서의 찬양은 노래가 아니라, 기도 중에 하나님의 영광을 높이는 것이다.
• 나는 기도할 때 하나님의 영광에 합당한 찬양을 드리고 있는가?

(2) 고백
■ 왜 고백이 중요합니까 (요일 1:9; 시 32:5)?

• 내가 죄를 자백할 때와 하지 않을 때 기도하는 마음의 상태가 어떻게 달랐는지 더듬어 보라. 고백을 통해 죄 사함을 받고, 불의에서 깨끗하게 되며, 하나님 앞에 담대히 나아가 아뢸 수 있기 때문이다.
• 죄를 자백한 후에 사죄를 선언하시는 하나님의 말씀이 평안으로 와닿는가? 그렇지 못하다면 왜 그럴까? (하나님의 말씀을 신뢰하지 못하기 때문이다. 즉 하나님의 말씀을 믿지 못한 것이다.)

(3) 감사

　　① "범사에 … 항상 아버지 하나님께 감사하며"(엡 5:20).

　　② "감사함으로 그의 문에 들어가며 … 그에게 감사하며…"(시 100:4).

- 감사는 자신의 삶을 주관하시는 하나님의 선하신 손길에 대한 믿음이 있을 때 가능하다. [참고] 롬 8:28

- 감사란 하나님께 나아가는 자에게 요청되는 마음의 자세다. 빌립보서 4장 6-7절을 읽고 기도하는 사람의 마음이 어떠해야 하는지 묵상해 보라.

- 요한계시록 4장 10-11절을 보면 이십사 장로들이 자기 면류관을 보좌 앞에 드리며 주께 영광과 존귀와 능력을 돌리고 있다. 그들은 오늘날의 자신이 있게 된 사실 그 자체를 감사하고 있는 것이다. 당신에게 이러한 마음이 있는가?

- 감사하며 기도하는 사람이 깨어 기도하는 사람이다(골 4:2). 감사하는 마음이 없으면 어떤 기도를 하게 될까? (하나님과 그분의 뜻에 최우선을 두기보다는 이기적인 기도를 드리게 된다.)

＊참고 성구

롬 8:28 우리가 알거니와 하나님을 사랑하는 자 곧 그의 뜻대로 부르심을 입은 자들에게는 모든 것이 합력하여 선을 이루느니라

빌 4:6-7 ⁶아무것도 염려하지 말고 다만 모든 일에 기도와 간구로, 너희 구할 것을 감사함으로 하나님께 아뢰라 ⁷그리하면 모든 지각에 뛰어난 하나님의 평강이 그리스도 예수 안에서 너희 마음과 생각을 지키시리라

계 4:10-11 ¹⁰이십사 장로들이 보좌에 앉으신 이 앞에 엎드려 세세토록 살아 계시는 이에게 경배하고 자기의 관을 보좌 앞에 드리며 이르되 ¹¹우리 주 하나님이여 영광과 존귀와 권능을 받으시는 것이 합당하오니 주께서 만물을 지으신지라 만물이 주의 뜻대로 있었고 또 지으심을 받았나이다 하더라

골 4:2 기도를 계속하고 기도에 감사함으로 깨어 있으라

(4) 중보

■ 중보 기도에는 어떤 내용이 있습니까?

　　① 하나님을 바르게 알아서 주께 합당한 삶을 살고 감사를 드리도록(골 1:9-12)

- 디모데전서 2장 1절에 나오는 간구와 기도, 도고는 어떻게 구별되는가?

　　a. 간구(supplication, 탄원, 간청, 중보): 자신의 필요를 위해 기도하는 것

② 복음 전도자의 사역을 위해서(골 4:2-4)

③ 병 낫기를 위해서(약 5:16)

민족 지도자를 위해서(딤전 2:2)

b. 도고(intercession, 중재, 조정): 다른 사람을 위해 기도하는 것

C. 기도(prayer): 그 외 모든 것을 총칭

• 중보 기도의 방법

1. 개인 중보 기도

2. 그룹 중보 기도

   (예수원에서는 매일 30분씩, 금요일에는 2시간씩 중보 기도를 한다.)

3. 금식을 통한 중보 기도

* 참고 성구

딤전 2:1 그러므로 내가 첫째로 권하노니 모든 사람을 위하여 간구와 기도와 도고와 감사를 하되

(5) 간구

■ 어떻게 간구해야 합니까?

① 간구의 자세 및 방법을 밝히고 있다

(마 7:7-8).

② 정욕에 따라 구하지 말라고 가르쳐 준다(약 4:2-3).

• 간구는 나 자신의 필요를 하나님께 구하는 것이다. 나의 간구 내용은 어떠한가?

• 내가 간구하는 자세는 어떠한가? 마음에 간절함도 없이 입으로만 구하지는 않는가? 구하다가 낙심하여 그만두고 있지는 않는가? 동반자와 나누어 보라.

7. 어떻게 확신을 가지고 기도할 수 있습니까?

(1) 거하라

• '거한다'는 말은 일시적인 체류가 아니라, 영주하는 것을 뜻한다. 하나님의 말씀이 내 마음을 지배하는 상태다.

* 참고 성구

요 15:7 너희가 내 안에 거하고 내 말이 너희 안에 거하면 무엇이든지 원하는 대로 구하라 그리하면 이루리라

(2) 구하라

■ 기도의 응답을 받기 위해 어떻게 해야 할까요?

① 육체의 정욕을 따라서가 아니라 성령을 따라 구해야 한다(약 4:2-3).

② 예수님의 이름으로 구해야 한다(요 14:14, 16:24).

(3) 믿으라

■ 예수님은 무엇을 약속하십니까?

- "무엇이든지 믿고 구하는 것은 다 받으리라"(마 21:22).

• 하나님의 말씀이 머리에만 머무르는 것이거나 말씀이 마음에 스쳐 지나가는 상태는 아닌지, 과연 말씀이 나를 전적으로 지배하고 있는지를 생각해 보라.

▌ 참고 도서

리처드 포스터, 《기도》(두란노, 2011)

강준민, 《하나님이 응답하시는 기도의 능력》(두란노, 2006)

행크 헤네그라프, 《예수님의 기도》(두란노, 2001)

존 비새그노, 《적극적인 기도》(생명의말씀사, 2002)

김세윤, 《주기도문 강해》(두란노, 2011)

▌ 다음 과를 위한 준비 과제

1. 주일 낮 예배 설교를 요점만 간단히 기록하십시오.

2. 요한일·이·삼서와 유다서를 읽으십시오.

3. 다섯 번째 만남 "교제"를 미리 공부하십시오.

4. 로마서 12장 4-5절과 요한복음 13장 34-35절을 암기하십시오.

5. 큐티를 하십시오.

■ 이 과의 진행

과제 점검 (15분)	1. 지난 한 주 동안의 삶을 서로 나누십시오. 2. 요한일·이·삼서와 유다서를 매일 읽었는지 알아보십시오. 　읽은 것에서 인상적인 말씀이 무엇이었는지 알아보십시오. 3. 지난 주간의 큐티 중 받은 은혜를 서로 나누십시오. 4. 지난 과의 요점을 간단히 복습하십시오. 5. 이 과의 성구를 반복해서 암송시키십시오.(롬 12:4-5; 요 13:34-35) 6. 주일 설교 말씀을 통해서 받은 은혜를 잠깐 나누십시오.
도입 (5분)	1. 키 그림을 가지고 이 과에 적용하여 설명해 주십시오. 2. 교재의 '도입 말'을 통해 이 과의 중요성을 깨닫고 문제의식을 갖게 하십시오.
교재 토의 (60분)	1. 이 과의 요점을 생각하면서 토의하십시오. 2. 동반자에게 한 단락씩 또는 한 문제씩 읽거나 답하게 한 후 양육자가 보충 질문과 설명을 하면서 서로 삶을 나누십시오. 3. 강조해야 할 점 　(1) 교회와 예배의 중요성 　(2) 지역 교회의 구성원이 되어 봉사하는 일이 중요하다는 것 　(3) 교회 안에서 교제가 중요하다는 것, 특히 하나 됨과 서로 사랑해야 한다는 것
마무리 (10분)	1. 이 과의 요점을 살려 결론을 맺으십시오. 2. 이 과에서 받은 말씀의 은혜를 가지고 결단의 기도를 드리십시오. 　기도 제목을 나누고 책자 뒤에 있는 〈기도 계획표〉에 기록해 두십시오. 　서로를 위해 중보 기도를 간절히 하고 끝맺으십시오. 3. 다음 과를 위한 준비 과제와 기타 지시 사항을 알려 주십시오.

* 전체 소요 시간을 약 90분으로 한다.
* 구체적인 형편에 따라 융통성 있게 조정해 가면서 진행한다.
* 찬송가: 25장("면류관 벗어서"), 221장("주 믿는 형제들")

■ 이 과의 요점

1. 그리스도인의 교제에는 하나님과의 교제와 성도 간의 교제가 있음을 알게 한다.
2. 지체들의 하나 됨과 다양성을 알게 하여 사랑으로 교회의 덕을 세우게 한다.

▌줄거리

예배를 통한 교제

성도 간 교제

1. 지체 의식이 있어야 한다.
2. 주 안에서 하나 되어야 한다.
3. 각 사람의 다양성을 이해해야 한다.
4. 서로 사랑해야 한다.
5. 서로 덕을 세워야 한다.

▌도입 말

원죄의 짐을 지고 있는 인간은 깨어진 두 가지 관계 속에서 살아가고 있다. 우리를 지으신 하나님과는 진노의 관계에 처해 있고, 이로 인해 인간 상호 간의 관계도 심각한 불화에 놓여 있다. 이런 왜곡된 관계를 회복하기 위해 하나님은 그분의 아들을 십자가에서 죽게 하셨다. 십자가만이 관계 사이의 막힌 담을 무너뜨리고 화평하게 한다. 그런데 성도의 모습은 종종 이 두 가지 중 어느 한 쪽으로 치우치기 쉽다. 인간 상호 간의 관계는 어그러진 채 하나님과의 관계만을 내세운다든지, 하나님과의 관계는 소홀히 한 채 인간적인 교제에 치중하는 모습이 나타나는 것이다. 그리스도의 십자가 앞에서 자신의 모습을 돌아보고 하나님과 이웃과의 관계를 바르고 조화롭게 세워 나가야 한다.

[참고 1]

칼 마르크스(Karl Marx)는 소외에 대해서 정치적 소외와 경제적 소외를 말한 바가 있다. 그런데 성경은 인간의 보다 근본적인 두 가지 소외에 대해 말하고 있다. 첫째, 인간이 하나님으로부터 소외된 것을 들고 있다(엡 4:18, "그들의 총명이 어두워지고 그들 가운데 있는 무지함과 그들의 마음이 굳어짐으로 말미암아 하나님의 생명에서 떠나 있도다"). 둘째, 인간 상호 간의 소외를 들고 있다(엡 2:12, "그때에 너희는 그리스도 밖에 있었고 이스라엘 나라 밖의 사람이라"). 예수님을 영접하기 이전에 우리가 처해 있었던 소외 상태를 이 말씀들을 통해 서로 나누어 보라.

[참고 2]

교회의 본질적 기능에는 예배와 교제, 봉사, 교육이 있다. 예배와 교제는 원래는 서로 다른 개념이다. 《일대일 제자양육 성경 공부》교재는 예배에 관한 단원을 별도로 두지 않고 있다. 따라서 본 지침서는 편의상 다섯 번째 만남 "교제"에서 '하나님과의 교제'인 예배를 다루고자 한다.

▌ 교재 내용 연구

■ 세상의 교제와 그리스도인들의 교제의 차이점을 이야기해 보라. 특히 '십자가에서 시작'된다는 말을 음미해 보라.

* 참고 성구

엡 2:13-14 [13]이제는 전에 멀리 있던 너희가 그리스도 예수 안에서 그리스도의 피로 가까워졌느니라 [14]그는 우리의 화평이신지라 둘로 하나를 만드사 원수 된 것 곧 중간에 막힌 담을 자기 육체로 허시고

예배를 통한 교제

1. 하나님이 우리의 예배를 통해서 원하시는 바는 무엇입니까? (예배의 목적)

"나는 나를 가까이하는 자 중에서 내 거룩함을 나타내겠고 온 백성 앞에서 내 영광을 나타내리라"(레 10:3).

- 예배는 거룩하신 하나님께 드리는 것이고, 하나님이 영광 받으시게 하는 것이다.
- 기독교 예배가 우상 숭배와 다른 점은 무엇일까? (전자는 하나님 중심적인 반면, 후자는 인간 중심적이다.)
- 나는 혹시 나 자신의 목적을 위한 수단으로 예배를 드리지는 않는가?
- "예배란 우리를 지으시고 구속하신 하나님의 은혜를 깨닫고 감사함으로 드리는 것이며, 하나님과 그분의 백성 간의 대화다." - 헉스터블
- "기독교의 예배란 예수 그리스도 안에 나타난 하나님 자신의 인격적인 계시에 대해, 인간들이 인격적인 신앙 안에서 정성으로 응답하는 것이다." - 지글러

2. 참 예배를 드리기 위한 예배자의 자세가 중요합니다.

(1) 요한복음 4장 24절에서 요구하는 예배
자의 마음 자세는 어떠해야 합니까?
  ① 영으로 예배
  ② 진리로 예배

- 영과 진리로(in spirit and truth)
- 여기서의 '영'은 성령 또는 자신의 영을 뜻한다. 따라서 예배할 때는 성령의 인도하심을 받아서, 또 온 마음과 뜻과 정성을 다해서 예배해야 한다.
- 여기서의 '진리'란 하나님 말씀 또는 진실함을 뜻한다. 따라서 하나님 말씀에 의지해서, 또 겉과 속이 같은 진실한 자세로 예배해야 한다.
- 나 자신은 어떠한 자세로 임하고 있는지 생각해 보라.

(2) 시편 95편 6절, 전도서 5장 1-2절은 예배하는 사람의 외적인 자세를 가르쳐 줍니다.
  ① "굽혀 경배하며 … 무릎을 꿇자" (시 95:6).
  ② "네 발을 삼갈지어다 … 하나님 앞에서 함부로 입을 열지 말며 급한 마음으로 말을 내지 말라"(전 5:1-2).

- 시편 95편 6절, 전도서 5장 1-2절은 예배하는 사람의 외적인 자세를 가르쳐 준다.
- 이는 주님에 대한 경외심의 표현이다.
- 발을 삼간다는 것은 주님에 대한 순종심의 표현이다.
- 2절은 마음과 의지, 뜻도 없이 기원하거나 서원하는 일을 삼가라는 의미다.
- 예배의 자세는 내적인 자세뿐 아니라, 외적 자세도 중요하다. 왜냐하면 실체를 담을 수 있는 그릇도 필요하기 때문이다.
- 각자의 자세를 ①과 ②에 비추어 점검해 보라. 또한 내적 혹은 외적으로 치우치고 있지는 않은지 살펴보라.

┌─ 경배에 대한 윌리엄 템플(William Temple) 주교의 정의 ─

경배란 우리의 모든 인격을 하나님께 순종하게 하는 것이다. 경배란 하나님의 거룩하심으로 우리의 의식을 소생시키는 것이며, 그분의 진리로써 우리의 생각을 자라게 하는 것이며, 그분의 아름다우심으로 우리의 상상력을 정결하게 하는 것이며, 그분의 사랑을 향해 우리의 마음을 여는 것이며, 그분의 원하시는 뜻에 우리의 의지를 복종시키는 것이다. 이 모든 것은 경배에서 하나로 모아지게 되며, 이것은 우리의 본성이 할 수 있는 가장 이기적이지 않은 감정이다.

3. 예배에 필요한 요소들은 무엇입니까?

(1) 사도행전 2장 42절의 예배의 네 가지 요소
　①가르침을 받음(설교)
　②교제
　③떡을 뗌(성찬)
　④기도

- 떡을 떼는 것에는 원래 성찬과 애찬, 공동 식사가 있었다. 그러나 애찬은 초대 교회에서 빈부 간의 문제를 야기했기 때문에 일찍 폐지되었다.

(2) 기타 요소
　①"제물을 들고 그 앞에 들어갈지어다" (대상 16:29).
　②"… 하나님을 찬양하고"(골 3:16).
　③"손바닥을 치고 즐거운 소리로 하나님께 외칠지어다 … 여호와께서 나팔 소리 중에 올라가시도다"(시 47:1-2, 5).

- 하나님께 나아갈 때는 빈손으로 가지 않고 감사의 예물을 가지고 간다.
- 예배에는 찬양이 있다.
- 박수를 하고 여러 가지 악기를 동원해서 드리는 예배에 참석했을 때 우리가 느끼는 바를 서로 이야기해 보라.

4. 찬양은 예배의 가장 중요한 요소입니다.

(1) 찬양은 절대적인 신뢰의 선언, 믿음의 방패, 주의 능력의 통로다.

- 찬양은 기쁨과 신앙의 표현이다. 찬양은 하나님 백성의 표시이고 의무다.

(2) 찬양은 우리의 영을 자유롭게 하며, 성령의 새로운 감동을 주기도 한다.

- 찬양을 통해 성령 충만함을 경험한 일이 있었는지 서로 나누어 보라.

(3) 찬양은 그리스도인들의 연합에 기여한다.

- 찬양을 통해서 하나 됨을 느낀 적이 있으면 서로 간증해 보라.

(4) 찬양은 주님만을 바라보도록 하여 은혜 받을 준비를 하게 해 준다.

- 예배를 준비하며 드리는 찬양이 특히 감정을 고취시키는 경우에 대해 나누어 보라.

(5) 찬양을 통해 하늘나라를 경험할 수 있다.

- 동반자에게 이 같은 경험이 있는지 알아보고, 찬양에 대한 깨달음을 주어 실제로 찬양 생활을 하게 하라.

■ **서언을 읽고 특별히 마음에 와닿는 말을 이야기해 보십시오.**

이 부분에서는 성도 상호 간의 교제의 가능성과 교제의 방향, 그리고 교제에 대한 하나님의 바람을 알게 한다.

1. 지체 의식을 가져야 합니다.

(1) 그리스도인의 지체 됨을 선포한다
(롬 12:5).

(2) 고린도전서 12장 12-27절
  ① 모든 성도는 그리스도의 몸의 지체다(14-16절).
  ② 성령으로 그리스도의 한 몸이 된다(12-13절).
  ③ 지체들의 위치 결정과 은사의 분배는 하나님의 주권 아래 있다(11, 18절).
  ④ 지체들은 만족의 의무가 있다(17, 19절).
  ⑤ 상호 의존하는 관계에 있다(21절).
  ⑥ 상호 존경의 필요성이 있다(22-23절).
  ⑦ 결어(27절).

- 많은 성도가 있는 교회 안에서 '외로움'(군중 속의 소외)을 느낀 적이 있는지 동반자에게 질문해 보라.
- 그리스도의 몸 된 교회에서 모든 지체가 한 몸이 되는 것은 한 성령의 세례를 받아 실현된다. 그 이유에 대해 설명해 보라. 우리 몸의 수많은 지체가 한 영혼에 의해서 하나 됨을 유지하듯, 그리스도의 지체들은 한 성령에 의해 하나 됨을 유지한다.
- 나 자신은 지체 의식이 있는지, 어떤 면이 부족하다고 생각하는지 동반자와 서로 나누어 보라.
- 나는 성도 간의 교제를 해도 좋고 안 해도 상관없다는 태도를 취하지는 않는가?

(3) "개개인이 그리스도인이 될 때 이미 그리스도의 몸의 지체로서 교회를 이루는 것이다"라는 말을 음미해 보라.

- 성도는 예수님을 믿는 순간부터 원하든 원치 않든 교회의 한 지체가 된다. 그러므로 이해관계에 의해 임의로 교제를 하거나 끊을 수 없다.
- 당신은 순 예배(구역 예배)가 내게 유익이 없다며 참여하기를 꺼리고 있지는 않는가?

(4) 지역 교회 참여의 중요성

- 교회에 대한 성경의 두 가지 개념
  ① 가시적 교회(지역 교회)

② 비가시적 교회(구원받은 성도의 무리)
- 하나님과 나의 관계가 중요하고 교회는 필요 없다고 한다든지, 교회에 대해 회의를 느끼지만 마지못해 인정하는 태도는 잘못된 것이다. 하나님은 교회를 통해 당신의 뜻을 이루어 가시는 것이고, 교회는 역사와 복음과 개인 삶의 중심인 것이다.

2. 주 안에서 하나 되어야 합니다.

- ■ 마귀의 속성은 어떠한가?
  - 그리스도인들의 연합을 파괴한다.
- ■ 마귀의 궤계를 어떻게 막을까?
  - 그리스도 안에서 한마음을 품을 때 그런 힘을 얻게 된다.
- ■ '그리스도인의 하나 됨이 복음의 본질'이라는 말에 대해서 그 이유를 설명해 보라.
  - 예수님이 십자가에 달려 죽으신 까닭은 이방인과 유대인을 하나 되게 하려는 목적도 있기 때문이다.
- ■ 교회의 하나 됨은 예수님의 메시아 되심을 증거하는 방편이 되기도 한다. 그 이유는? (성도들의 하나 됨을 보면서 비신자들이 예수님이 하나님이 보내신 분임을 믿게 될 것이기 때문이다.)

[참고] 엡 2:13-16

- 교회의 불일치로 인해서 복음이 방해받는 경우를 본 일이 없었는가?

  [참고] 요 17:21

* 참고 성구

엡 2:13-16 13이제는 전에 멀리 있던 너희가 그리스도 예수 안에서 그리스도의 피로 가까워졌느니라 14그는 우리의 화평이신지라 둘로 하나를 만드사 원수 된 것 곧 중간에 막힌 담을 자기 육체로 허시고 15법조문으로 된 계명의 율법을 폐하셨으니 이는 이 둘로 자기 안에서 한 새 사람을 지어 화평하게 하시고 16또 십자가로 이 둘을 한 몸으로 하나님과 화목하게 하려 하심이라 원수 된 것을 십자가로 소멸하시고

요 17:21 아버지여, 아버지께서 내 안에, 내가 아버지 안에 있는 것같이 그들도 다 하나가 되어 우리 안에 있게 하사 세상으로 아버지께서 나를 보내신 것을 믿게 하옵소서

3. 각 사람의 다양성을 이해해야 합니다.

(1) 은사가 다릅니다.

• 하나님이 지으신 피조물들은 같은 종(種)이라 하더라도 서로 다르다. 각 사람마다 하나님이 주신 은사가 다 다르다는 사실을 생각해야 한다.

(2) 믿음의 정도가 다릅니다.

• 로마서 14장의 믿음이 연약한 자는 아직도 율법주의적인 신앙 상태에 있는 자이고, 믿음이 강한 자는 율법으로부터 자유함을 얻은 자다.
• 강한 자는 약한 자에 대해 어떤 자세를 취해야 하는가?
  - 강한 자는 약한 자가 실족하지 않도록 자신의 자유를 절제하거나 제한하여 교회의 덕을 세워야 한다.

(3) 인간적인 배경이 다릅니다.
  ① 이것이 차별의 요인이 되어서는 안 된다.

• 오늘날 한국 교회의 모습은 어떠하다고 생각하는가? 인간적인 배경이 차별의 요인이 되고 있다면 그 이유는 무엇이라고 보는가?

  ② 그리스도의 피로 말미암아 모든 장벽이 무너지게 된다(엡 2:11-22).

• 다양한 사상과 제도, 가치관을 지닌 인간들이 하나 됨을 이룰 수 있는 길은 어디에 있을까?
  - 인간 상호 간의 교제를 가로막는 벽들을 그리스도가 그 피로 무너뜨리신 사실을 깊이 깨닫고 받아들이는 데 있다.

4. 서로 사랑해야 합니다.

■ 서언을 읽고 마음에 와닿는 부분을 지적하고 왜 그 부분이 마음에 와닿는지 이유를 말해 보라.

• 성도 상호 간에 사랑하는 것은 주님의 사랑을 이해하는 데 있어 매우 중요하다.
[참고] 엡 3:18. 이 말씀은 특별히 '모든 성도와 함께' 주님의 사랑을 알라고 말한다. 즉 주님의 사랑은 성도의 교제를 통해서 알아 가는 것이 중요함을 이야기하고 있다.

(1) 참사랑은 무엇으로 나타나야 합니까 (요일 3:18)?
 - "행함과 진실함으로 하자."

• 비신자들이 그리스도인들을 향해 실천은 없이 말만 많다고 평하는 것에 대해 어떻게 생각하는가?

(2) 초대 교회는 이 사랑을 어떻게 표현했습니까(행 4:32)?
 - 한마음과 한뜻으로 물질의 유무상통을 이루었다.

• 궁핍한 형제를 보고도 손 펴기를 꺼려 하지는 않았는지 반성해 보자.

* 참고 성구
엡 3:18 능히 모든 성도와 함께 지식에 넘치는 그리스도의 사랑을 알고

5. 교회의 덕이 되어야 합니다.

■ 성도 상호 간의 권면과 훈계와 위로와 격려하는 일의 중요성에 대해 서로 이야기해 보라(살전 5:11, 2:13).

• 덕이란 하나님 앞에서 다른 성도들을 세워 주는 것을 말한다.

■ 교회의 덕을 세우기 위해 당신은 성경 말씀을 어떻게 대하고 있는지 점검해 보라.

• 덕을 세우는 일은 하나님의 말씀에 토대를 두고 이루어져야 한다.

6. 결론(요 17:20-21)

▌참고 도서

한선희, 《주님, 정말 한 영혼이 천하보다 귀한가요》(두란노, 1999)

강준민, 《사랑과 열정으로 쓴 목회 서신》(두란노, 2000)

토미 테니, 《하나님의 드림팀》(두란노, 2001)

디트리히 본회퍼, 《성도의 공동생활》(복있는사람, 2016)

▌다음 과를 위한 준비 과제

1. 주일 낮 예배 설교를 요점만 간단히 기록하십시오.

2. 에베소서를 읽으십시오.

3. 여섯 번째 만남 "전도"를 미리 공부하십시오.

4. 로마서 1장 16절과 베드로전서 3장 15절을 암기하십시오.

5. 매일 큐티를 하고 큐티 나눔을 하도록 하십시오.

■ 이 과의 진행

과제 점검 **(15분)**	1. 지난 한 주 동안의 삶을 서로 나누십시오. 2. 에베소서를 매일 읽었는지 알아보십시오. 　읽은 것에서 인상 깊은 말씀이 무엇이었는지 알아보십시오. 3. 지난 주간의 큐티 중 받은 은혜를 서로 나누십시오. 4. 지난 과의 요점을 간단히 복습하십시오. 5. 이 과의 성구를 반복해서 암송시키십시오 (롬 1:16; 벧전 3:15). 6. 주일 설교 말씀을 통해서 받은 은혜를 잠깐 나누십시오.
도입 **(5분)**	1. 키 그림을 가지고 이 과에 적용하여 설명해 주십시오. 2. 교재의 '도입 말'을 통해 이 과의 중요성을 깨닫고 문제의식을 갖게 하십시오.
교재 토의 **(60분)**	1. 이 과의 요점을 생각하면서 토의하십시오. 2. 동반자에게 한 단락씩 또는 한 문제씩 읽거나 답하게 한 후 양육자가 보충질문과 설명을 하면서 서로 삶을 나누십시오. 3. 강조해야 할 점 　(1)《사영리》로 전도하는 방법 　(2) 전도의 구체적인 전략 　(3) 이번 주간에 실제 전도할 사람을 정하고 전도 계획을 함께 세울 것
마무리 **(10분)**	1. 이 과의 요점을 살려 결론을 맺으십시오. 2. 이 과에서 받은 말씀의 은혜를 가지고 결단의 기도를 드리십시오. 　기도 제목을 나누고 책자 뒤에 있는 〈기도 계획표〉에 기록해 두십시오. 　서로를 위해 중보 기도를 간절히 하고 끝맺으십시오. 3. 다음 과를 위한 준비 과제와 기타 지시 사항을 알려 주십시오.

* 전체 소요 시간을 약 90분으로 한다.

* 구체적인 형편에 따라 융통성 있게 조정해 가면서 진행한다.

* 찬송가: 500장("물 위에 생명줄 던지어라"), 505장("온 세상 위하여")

■ 이 과의 요점

1. 우리가 살고 있는 이 세상과 세상일에 대해서 성서적으로 올바른 이해를 갖게 한다.
2. 복음 전파의 기본적인 자세와 방법론을 알게 하며, 구체적인 생활 속에서 복음 전파에 힘쓰게 한다.

▍줄거리

1. 세상에 대한 자세
2. 세상일에 대한 자세

복음 전파
1. 복음 전파의 기본자세
2. 생활을 통한 전도
3. 입을 열어 하는 전도
4. 전도의 전략
5. 전도의 생활화

▍도입 말

주님의 교회는 세상을 위해 존재한다. 교회는 세상으로 나아가야 한다. 그러나 불행하게도 오늘날 많은 교회는 교회가 세상을 위해 존재한다는 사실을 지나치게 소극적으로 생각하고 있다. 주의 제자에게 위임된 궁극적인 사명은 예수님을 증거하는 것이다.

전도는 세상을 구원하시는 하나님의 지혜이며, 하나님의 능력의 통로다. 하나님은 전도를 통해 세상을 구원하길 기뻐하셨다(고전 1:21). 그런데 우리는 전도를 어리석고 미련한 방법이라고 여기며 무관심하지는 않는가? 우리가 전하는 메시지는 자신의 말과 행동에서 동일하게 나타나야 한다. 입으로 말하는 것이 생활로 뒷받침되지 않는 한 진정한 열매를 거둘 수 없다. 또한 전도는 영적 전쟁이므로, 구체적이고 타당한 전략이 필요하다. 전도는 특별한 행사로 행하는 것이 아니다. 그리스도인의 삶의 본질적인 부분이 되어야 한다.

* 참고 성구

고전 1:21 하나님의 지혜에 있어서는 이 세상이 자기 지혜로 하나님을 알지 못하므로 하나님께서 전도의 미련한 것으로 믿는 자들을 구원하시기를 기뻐하셨도다

▌교재 내용 연구

서언(전도를 삼위일체 하나님의 역할의 측면에서 고찰해 보라.)

- 창조주로서의 성부 하나님: 문화 창달의 사명을 주셨다(창 1:28).
대상: 피조물로서의 모든 인간

- 구속주로서의 성자 하나님: 전도의 명령을 주셨다(훈련의 명령, 마 28:19-20)
대상: 모든 신자

- 보혜사 성령 하나님: 주의 증인이 되게 하셨다(행 1:8).

- 창세기의 문화 창달 사명이 인간의 죄악으로 인해 어렵게 됐으나, 인간을 구원하신 예수님의 전도 명령으로 다시 그 사명이 주어졌으며, 성령의 역사로 사명을 수행할 수 있게 되었다.

1. 세상에 대한 자세

(1) 대립으로 보는 입장

- 주님은 교회의 머리가 되실 뿐만 아니라 세상을 주관하는 분이시다.
- 갈등과 무관심으로 나타난다.

(2) 타협으로 보는 입장

- 그리스도의 가르침을 세상과 타협하면서 인간의 말로 상대화시키는 경향이 있다.
예) 종교다원주의, 상황윤리 등

(3) 정복으로 보는 입장

- 죄악된 세상에 적극적으로 참여하여 개혁하는 태도를 보인다.
[참고] 이것은 기독교 제국주의나 종교 식민주의를 뜻하지 않는다.

- 토마스 길레스피(Thomas Gillespie)의 말을 읽고 느낀 점을 나누어 보라.

2. 세상일에 대한 자세

■ 서언을 읽고 특별히 마음에 와닿는 말을 말해 보고, 그 이유를 나누어 보라.

■ "나는 목수의 일을 통해서 목사의 일을 한다"는 말을 당신 자신의 말로 해 보라.

(1) 아담의 범죄로 인해 어떤 결과가 생겼습니까(창 3:17-18)?
- 땅이 저주받음으로 수고해야 소산을 먹을 수 있게 되었다.

(2) 그리스도인의 세상일을 보는 자세는 어떠해야 하는가(골 3:23)?
- "무슨 일을 하든지 마음을 다하여 주께 하듯 하고 사람에게 하듯 하지 말라."

• 자신이 이원론적인 사고방식을 갖고 있지는 않은지 반성해 보라(세상적인 것과 신성한 것으로).

• 당신은 당신의 삶 속에서의 모든 활동을 어떤 기회로 삼는가? 육체의 소욕을 위한 기회인가, 경건의 훈련을 위한 기회인가(엡 5:16)?
- 이것은 하나님이 주시는 기회를 잘 포착하여 선용하라는 뜻이다.

• 노동은 신성한 것이다. 우리 사회에 노동 경시 풍조가 있지는 않은지 서로 이야기해 보자. **유교의 사농공상 풍조가 아직 많이 남아 있는 것 같다.**

• "주께 하듯 하고": 우리 자신이 하고 있는 일을 주님과의 관계에서 바라보고 새롭게 그 의미를 발견해야 한다.

• 우리 각자는 맡고 있는 일에 대해 어떤 생각과 태도로 임하고 있는지 서로 나누어 보라.

• 세상일을 보는 자세에 관해서, 칼 바르트 (K. Barth)는 "한 손에는 성경을, 다른 손에는 신문을 들어야 한다"고 말했다. 우리는 세상을 직시할 수 있어야 한다.

* 참고 성구
엡 5:16 세월을 아끼라 때가 악하니라

복음 전파

1. 복음 전파의 기본자세

(1) 요 1:40-42
　　① 가장 가까운 사람에게 감

　　② 찾아가서 말함
　　③ 데리고 옴

- 대상을 찾아 나서는 적극적인 자세, 찾아가서 이웃의 아픔에 동참하는 성육신의 자세가 필요하다.
- 그리스도에 대한 소개가 있어야 한다.
- 새신자반으로 안내하고, 교회 생활의 기본적인 것을 가르쳐 준다. 읽을 말씀을 소개하고, 예배도 같이 드리면서 계속 돌본다.

(2) 행 22:15
　- 모든 사람 앞에서 보고 들은 바를 증거함

- 보고 들은 바를 증거하는 증인의 자세
- 증인이란 어떠한 사람을 일컫는가?
- 나 자신이 증인이라는 사실을 알 때 무엇을 전해야 할지 몰라서 주저하겠는가?

(3) 롬 1:16
　- 복음을 부끄러워 아니함

- 복음에 대한 확신이 있는 자세를 말한다.
- 복음에는 하나님의 능력이 나타난다. 그 능력은 어떠하며, 어떻게 나타났는가?
　[참고] 엡 1:20-22, 2:14-16
- 당신은 복음의 능력에 대한 확신이 없어서 복음을 증거하고 주장하는 것을 주저하지는 않았는가?

* 참고 성구

엡 1:20-22 ²⁰그의 능력이 그리스도 안에서 역사하사 죽은 자들 가운데서 다시 살리시고 하늘에서 자기의 오른편에 앉히사 ²¹모든 통치와 권세와 능력과 주권과 이 세상뿐 아니라 오는 세상에 일컫는 모든 이름 위에 뛰어나게 하시고 ²²또 만물을 그의 발아래에 복종하게 하시고 그를 만물 위에 교회의 머리로 삼으셨느니라

엡 2:14-16 ¹⁴그는 우리의 화평이신지라 둘로 하나를 만드사 원수 된 것 곧 중간에 막힌 담을 자기 육체로 허시고 ¹⁵법조문으로 된 계명의 율법을 폐하셨으니 이는 이 둘로 자기 안에서 한 새 사람을 지어 화평하게 하시고 ¹⁶또 십자가로 이 둘을 한 몸으로 하나님과 화목하게 하려 하심이라 원수 된 것을 십자가로 소멸하시고

151

2. 생활을 통한 전도

(1) 우리는 이 세대 속에서 어떤 삶을 살아야 합니까(빌 2:15)?

　① 흠이 없고 순전한 삶

　② 빛으로 나타나는 삶

- 예수의 빛을 우리의 삶이라는 옷으로 덮고 있는 셈이다. 이 옷이 흠이 없고 순전하면 그리스도의 빛은 난반사되지 않고 그대로 세상에 비칠 수 있다.

[참고] 엡 5:8-11

a. 빛의 자녀들처럼 행하라.

b. 주를 기쁘시게 할 것이 무엇인가 시험하여 보라.

c. 어둠의 일을 책망하라.

(2) 사람들은 무엇을 보고 그리스도인의 빛 된 삶을 발견합니까? 그 결과는 무엇입니까(마 5:16)?

- 착한 행실을 보고 발견한다. 그 결과, 하늘에 계신 아버지께 영광을 돌리게 된다.

- 하나님이 우리에게 넘치는 은혜를 주신 까닭은 무엇인가? [참고] 고후 9:8

　모든 일에 항상 넉넉하여 갖가지 착한 일을 넘치게 할 수 있도록 하기 위해서다. 이러한 충만한 삶을 위해서는 하나님의 사랑에 대한 인격적이고 실천적인 깨달음이 필요하다.

- 선행으로 하나님께 영광 돌리게 된 경우를 나누어 보라. (남의 경우도 좋다.)

- 나 자신의 그릇된 행실로 거침돌이 된 경험도 나누어 보자. [참고] 고후 3:3

- 우리는 그리스도의 편지요 향기다.

* 참고 성구

엡 5:8-11 8너희가 전에는 어둠이더니 이제는 주 안에서 빛이라 빛의 자녀들처럼 행하라 9빛의 열매는 모든 착함과 의로움과 진실함에 있느니라 10주를 기쁘시게 할 것이 무엇인가 시험하여 보라 11너희는 열매 없는 어둠의 일에 참여하지 말고 도리어 책망하라

고후 9:8 하나님이 능히 모든 은혜를 너희에게 넘치게 하시나니 이는 너희로 모든 일에 항상 모든 것이 넉넉하여 모든 착한 일을 넘치게 하게 하려 하심이라

고후 3:3 너희는 우리로 말미암아 나타난 그리스도의 편지니 이는 먹으로 쓴 것이 아니요 오직 살아 계신 하나님의 영으로 쓴 것이며 또 돌판에 쓴 것이 아니요 오직 육의 마음판에 쓴 것이라

3. 입을 열어 하는 전도

(1) 고침 받은 맹인은 어떤 사실을 말했습니까(요 9:25)?
  - "대답하되 그가 죄인인지 내가 알지 못하나 한 가지 아는 것은 내가 맹인으로 있다가 지금 보는 그것이니이다."

(1) 고침 받은 맹인은 어떤 사실을 말했습니까(요 9:25)?
  - "대답하되 그가 죄인인지 내가 알지 못하나 한 가지 아는 것은 내가 맹인으로 있다가 지금 보는 그것이니이다."
• 전도는 복잡한 토론이 아니다. 경험한 것을 말해 주는 것이다. 신학적 논쟁이 아니다. 삶 속에 일어난 실제적인 사건을 나누는 것이다.

• 전도는 복잡한 토론이 아니다. 경험한 것을 말해 주는 것이다. 신학적 논쟁이 아니다. 삶 속에 일어난 실제적인 사건을 나누는 것이다.

(2) 베드로전서 3장 15절을 읽으십시오.
  ① 그리스도를 증거하기 전에 무엇을 먼저 해야 합니까?
    - 그리스도를 주로 삼아 마음을 거룩하게 한다.
  ② 우리 속에 있는 소망은 무엇입니까?
    - 오직 예수 그리스도다.

• 자신의 속사람이 변화되기 위해서 어떤 노력을 하고 있는지 서로 나누어 보자.
  [참고] 롬 8:24-25(보이지 않는 소망)
• 얼어붙은 북극의 강처럼 입이 얼어서 할 말을 못하는 일이 없도록 하자.
• 구체적으로는 우리 각자의 상황에 적합한 언약의 말씀들과 이 말씀에 대한 확신이 소망이 된다.

  ③ 다른 사람들로 하여금 우리 속에 있는 소망에 관해 관심을 갖도록 자극하는 것은 무엇입니까?
    - 성도의 거룩한 삶의 모습

• 아브라함의 삶을 보고, 아비멜렉은 "너에게 함께하시는 너의 하나님"이라고 말했다.

  ④ 전도할 때 우리의 태도는 어떠해야 합니까?

• 온유함: 전도하는 상대방에 대한 태도. 온유함과 두려움의 태도를 지녀야 한다. 핍박하는 상대방에 대해 자신을 부인하는 것이다.

- 두려움: 하나님에 대한 태도. 자신의 전도 여하에 따라 상대방의 생명이 좌우됨을 깨닫고 임하는 것이다.
- 전도한다고 핍박하는 상대방에 대해 당신은 어떤 태도를 취했는가?
- 전도할 때 나의 전도로 상대방의 생사가 좌우되며 하나님이 여기에 대한 책임을 물으신다는 사실을 생각하는가?

[참고] 겔 33:8-10; 행 20:26

* 참고 성구

롬 8:24-25 24우리가 소망으로 구원을 얻었으매 보이는 소망이 소망이 아니니 보는 것을 누가 바라리요 25만일 우리가 보지 못하는 것을 바라면 참음으로 기다릴지니라

겔 33:8-9 8가령 내가 악인에게 이르기를 악인아 너는 반드시 죽으리라 하였다 하자 네가 그 악인에게 말로 경고하여 그의 길에서 떠나게 하지 아니하면 그 악인은 자기 죄악으로 말미암아 죽으려니와 내가 그의 피를 네 손에서 찾으리라 9그러나 너는 악인에게 경고하여 돌이켜 그의 길에서 떠나라고 하되 그가 돌이켜 그의 길에서 떠나지 아니하면 그는 자기 죄악으로 말미암아 죽으려니와 너는 네 생명을 보전하리라

행 20:26 그러므로 오늘 여러분에게 증언하거니와 모든 사람의 피에 대하여 내가 깨끗하니

4. 전도의 전략

■ 서언을 읽고 전도자에게 있어야 할 것들에 관해 살펴보라.

① 증거할 용기를 위한 간구

- 전도는 영적 전쟁이므로 구체적인 전략과 전술이 필요하다.
- 어떤 이에게 전도하고자 할 때 주저하는 경우는 없는가? 성령의 담대하게 하심을 위해서 간구해야 한다.

[참고] 딤후 4:2; 엡 5:16

② 기회의 선용

[참고] 고전 3:6-7

③ 하나님의 일과 우리의 일, 그리고 우리 일의 한계에 대한 인식의 필요

③항에 대한 깨달음이 없으면 전도하다가 낙심하기 쉽다.

■ 구체적인 전략

(1) 전도지 배부
(2) 《최고의 행복》, 《사영리》(한국대학생선교
회), 다리 예화(《하나님의 선물인 영생》, 네비게
이토), 전도 폭발 등의 방법 사용
(3) 전도 성경 공부 실시
  a. 바울이 전한 복음의 주제: 십자가에
    못 박히신 그리스도
  b. 구원받지 못한 사람들에게 그리스도
    를 증거하는 것이 왜 중요합니까?
    - 예수님으로 말미암지 않고는 아버
      지께로 올 자가 없고, 다른 이로써
      는 구원을 얻을 수 없기 때문이다.
(4) 간증을 나누는 방법
  사도행전 26장 1-29절을 읽고 바울의
  간증 내용을 정리해 보고, 자신의 간증
  을 만들어 보라.

• 복음의 본질은 그리스도다. 전도에 있어
서 이것이 빠지면 진정한 전도라고 할 수
없다.

a. 그리스도를 영접하기 전의 삶과 생각
  (1-11절)
b. 그리스도를 영접하게 된 동기(12-18절)
c. 신앙 고백
d. 그리스도를 영접한 후에 일어난 변화들
  (19-29절)

* 참고 성구

딤후 4:2 너는 말씀을 전파하라 때를 얻든지 못 얻든지 항상 힘쓰라 범사에 오래 참음과 가르침
으로 경책하며 경계하며 권하라

엡 5:16 세월을 아끼라 때가 악하니라

고전 3:6-7 [6]나는 심었고 아볼로는 물을 주었으되 오직 하나님께서 자라나게 하셨나니 [7]그런즉
심는 이나 물 주는 이는 아무것도 아니로되 오직 자라게 하시는 이는 하나님뿐이니라

5. 전도의 생활화

(1) 열매 맺는 전도 생활이 되기 위해서는 성령의 능력 안에서 그리스도를 전하고 그 결과를
하나님께 맡겨야 합니다(딤후 4:2; 골 1:28-29).
(2) 전도할 때 주의해야 할 세 가지 요소
  ① 항상 준비되어 있어야 한다.

② 사람들을 만나는 기회를 하나님이 예비해 주신 기회로 생각하라.

　　③ 대화의 주제를 예수 그리스도에게로 돌리도록 하라.

　(3) 기도해야 합니다.

　(4) 적극적인 자세가 필요합니다.

　　① 대상을 찾아가는 자세를 갖자.

　　② 명령 때문에 마지못해서가 아니라 전도를 생활의 일부로 만들자.

　(5) 화제를 그리스도께로 돌립니다.

　(6) 결과를 기대해야 합니다.

* 참고 성구

딤후 4:2 너는 말씀을 전파하라 때를 얻든지 못 얻든지 항상 힘쓰라 범사에 오래 참음과 가르침으로 경책하며 경계하며 권하라

골 1:28-29 [28]우리가 그를 전파하여 각 사람을 권하고 모든 지혜로 각 사람을 가르침은 각 사람을 그리스도 안에서 완전한 자로 세우려 함이니 [29]이를 위하여 나도 내 속에서 능력으로 역사하시는 이의 역사를 따라 힘을 다하여 수고하노라

▌ 참고 도서

김순애,《천사도 흠모하겠네》(두란노, 1995)

존 스토트,《존 스토트의 복음전도》(IVP, 2001)

팀 켈러,《팀 켈러의 탈기독교시대 전도》(두란노, 2022)

▌ 다음 과를 위한 준비 과제

1. 주일 낮 예배 설교를 요점만 간단히 기록하십시오.

2. 야고보서를 읽으십시오.

3. 일곱 번째 만남 "성령 충만한 삶"을 미리 공부하십시오.

4. 에베소서 5장 18절과 갈라디아서 5장 22-23절을 암기하십시오.

5. 매일 큐티를 하고 큐티 나눔을 하도록 하십시오.

■ 이 과의 진행

과제 점검 (15분)	1. 지난 한 주 동안의 삶을 서로 나누십시오. 2. 야고보서를 매일 읽었는지 알아보십시오. 　읽은 것에서 인상 깊은 말씀이 무엇이었는지 알아보십시오. 3. 지난 주간의 큐티 중 받은 은혜를 서로 나누십시오. 4. 지난 과의 요점을 간단히 복습하십시오. 5. 이 과의 성구를 반복해서 암송시키십시오(엡 5:18; 갈 5:22-23). 6. 주일 설교 말씀을 통해서 받은 은혜를 잠깐 나누십시오.
도입 (5분)	1. 키 그림을 가지고 이 과에 적용하여 설명해 주십시오. 2. 교재의 '도입 말'을 통해 이 과의 중요성을 깨닫고 문제의식을 갖게 하십시오.
교재 토의 (60분)	1. 이 과의 요점을 생각하면서 토의하십시오. 2. 동반자에게 한 단락씩 또는 한 문제씩 읽거나 답하게 한 후 양육자가 보충 질문과 설명을 하면서 서로 삶을 나누십시오. 3. 강조해야 할 점 　(1) 성령 충만의 개념을 성령 세례나 성령의 내주와 관련지어 알게 할 것 　(2) 성령 충만과 신앙생활의 관계를 확실히 알게 할 것 　* 다만 성령론에 관해 지나치게 깊이 들어가서 논쟁에 빠지지 않도록 주의하십시오.
마무리 (10분)	1. 이 과의 요점을 살려서 결론을 맺으십시오. 2. 이 과에서 받은 말씀의 은혜를 가지고 결단의 기도를 드리십시오(실제로 성령 충만을 받기 위한 기도를 하십시오). 　기도 제목을 나누고 책자 뒤에 있는 〈기도 계획표〉에 기록해 두십시오. 　서로를 위해 중보 기도를 간절히 하고 끝맺으십시오. 3. 다음 과를 위한 준비 과제와 기타 지시 사항을 알려 주십시오.

* 전체 소요 시간을 약 90분으로 한다.
* 구체적인 형편에 따라 융통성 있게 조정해 가면서 진행한다.
* 찬송가: 182장("강물같이 흐르는 기쁨"), 197장("은혜가 풍성한 하나님은")

■ 이 과의 요점

1. 그리스도인이 승리하는 신앙생활을 하기 위해서는 성령 충만이 필요하다는 것을 깨닫게 해 준다.
2. 성령 충만은 무엇이며 이를 받기 위한 방법이 무엇인지 알게 한다.

▌줄거리

1. 성령 충만의 의미
2. 성령 충만은 누가 주시나?
3. 성령 충만을 받는 이유
4. 성령 충만을 받는 방법
5. 성령 충만을 받은 결과
6. 언제 성령의 충만함을 받을 수 있는가?

보충 설명: 성령 충만과 성령 세례

▌도입 말

예수님을 영접한 성도라 할지라도 그의 안에는 부단한 갈등이 있다. 왜냐하면 우리의 타락한 본성이 온전하게 성화되어 있지 않기 때문이다. 우리는 성령의 인도를 받는 양심의 소리와 타락한 본성의 소리 사이에서 양자택일의 영적 상황에 늘 직면하게 된다. 그런데 우리의 연약함으로 인해서 스스로의 힘으로는 하나님의 뜻대로 살 수 없다. 그래서 바울은 "오호라 나는 곤고한 사람이로다"(롬 7:24)라고 탄식했다. 이를 극복하는 길은 무엇일까? 오직 성령 충만해 성령의 도우심을 힘입어 자신을 이겨 내는 길밖에 없다. 여기에 성령 충만을 공부해야 하는 이유가 있는 것이다.

▌교재 내용 연구

■ 서언을 읽고 성령의 역할에 대해서 말하고, 성령 충만의 필요성을 서로 나누어 보라. 성령의 역할에 대해서 다음과 같이 말하고 있다.

　a. 모든 성도 안에 거하신다.

　b. 거듭나게 하신다.

　c. 그리스도 중심의 삶을 살 수 있는 힘을 공급해 주신다.

1. 성령 충만이란 무엇을 의미합니까?

■ 성령 충만이란 삼위일체의 한 위이신 성령의 지배를 받고 그분의 능력으로 채워지는 것입니다.

(1) 에베소서 5장 18절에 성령의 충만함을 받는 것이 술 취하는 것과 대조되어 있음을 볼 때 성령의 충만함을 받은 상태는 어떤 상태를 의미합니까?

① 유사성: 일정한 기운에 사로잡힌다.
   술 취함 - 술 기운이 생긴다.
   성령 충만 - 성령의 영향과 능력을 입는다.

② 차이점
   술 - 이성을 잃게 한다.
   성령 충만 - 타락한 이성이 회복된다.

■ 성령 충만의 상태는 에베소서 5장 19-21절에 의하면 다음과 같은 영적 상태로 나타납니다.

a. 성도 상호 간의 화답
b. 주님께 대한 예배: 찬양, 감사
c. 그리스도를 경외함으로 피차 복종함

• 성령의 충만이란 내가 나를 다스리는 것이 아니고 하나님의 영이 나를 지배하고 다스리시는 상태다.

• 마틴 로이드 존스: "술은 억제제다. … 우선 두뇌에 있는 모든 것의 최중심부를 억제한다. 사람에게 자제력, 지혜, 이해력, 분별력, 판단력, 몸의 균형, 사물에 대한 평가력을 제공해 주는 모든 것을 억제한다. 그러나 성령은 정반대의 일을 행하신다. … 그분은 실제로 활발하게 하신다. … 그분은 우리의 모든 기능 … 정신과 지성, 마음, 의지 등을 활성화시키신다."

• 에베소서 5장 18-21절은 하나의 명령문에 여러 개의 분사 구문이 연결되어 있다. 즉 "성령 충만하라. 그리하면 그 결과로서 a, b, c와 같은 영적 상태가 나타난다"는 뜻이다.

2. 성령 충만은 누가 주십니까?

하나님이 주십니다.

■ 어떤 방식으로 주십니까?
① 요한복음 20장 22절에서 예수님은 어떻게 주셨습니까?
  - 숨을 내쉬며 성령을 받으라고 하셨다.

• '성령'을 나타내는 히브리어는 '루아흐'다. 이 말에는 '바람', '숨', '호흡'이라는 뜻이 있다. 예수님이 숨을 내쉬었다는 것은 바람을 불어 넣으신 것이고, 그것은 곧 영을 불어 넣으신 것이다.

② 사도행전 8장 17절에서 사마리아인들이 성령을 받도록 하기 위해 두 사도들이 한 일은 무엇입니까?
- 안수하였다.

- 두 사도가 안수하였을 때 성령을 받았으나, 성령은 사도가 준 것이 아니고 사도들의 안수 기도를 들으신 하나님이 주신 것이다. 또한 성령을 받기 위해 반드시 안수를 받아야 하는 것은 아니다. [참고] 행 2:1-3

③ 사도행전 10장 44절에서 베드로가 한 일은 무엇입니까?
- 말씀을 강론했다(설교).

- 베드로가 한 일은 말씀을 강론한 것뿐이었다.
- 이상 세 가지의 경우에서 볼 수 있듯이 하나님이 성령을 주시는 방식에는 제한이 없다. 어떠한 조건이 있어야만 성령이 임하시는 것도 아니다.

■ 성령을 부어 주시는 분은 하나님이시지 사람이 아닙니다.

* 참고 성구

행 2:1-3 ¹오순절 날이 이미 이르매 그들이 다 같이 한곳에 모였더니 ²홀연히 하늘로부터 급하고 강한 바람 같은 소리가 있어 그들이 앉은 온 집에 가득하며 ³마치 불의 혀처럼 갈라지는 것들이 그들에게 보여 각 사람 위에 하나씩 임하여 있더니

3. 왜 성령 충만을 받아야 합니까?

■ 갈라디아서 5장 17절은 이러한 갈등을 어떻게 묘사하고 있습니까?
- 성도가 예수를 믿은 후에도 갈등을 경험하는 두 가지 이유가 있다. 하나는 육체의 소욕이고, 다른 하나는 성령이다. 이 둘은 서로 적대 관계에 있기 때문에 우리는 갈등을 경험하게 된다.

- 여기서 말하는 육체의 소욕이란 타락한 본성에서 나오는 여러 가지 정과 욕심을 말하는데, 이것은 우리의 자아를 강하게 끌어당기는 경향이 있다.
- 우리도 이러한 갈등을 경험하고 있지는 않은가? [참고] 롬 7:22-25

■ 로마서 8장 9, 13-14절은 그리스도인들이 이런 갈등을 이기기 위해서 어떻게 해야 한다고 말합니까?
① 우리 안에 성령이 거하셔야 한다(롬 8:9).

- 성령님이 우리 안에 계실 때 우리는 기본적인 삶의 방향에 관한 한, 타락한 인간성의 지배 아래 있지 않고 성령의 지배 아래 있다.
- 적극적으로 성령을 따라 순종해야 한다.

② [보충] 성령으로 몸의 행실을 죽이고, 성령의 인도를 받아야 한다(롬 8:13-14).

* 참고 성구

롬 7:22-25 ²²내 속사람으로는 하나님의 법을 즐거워하되 ²³내 지체 속에서 한 다른 법이 내 마음의 법과 싸워 내 지체 속에 있는 죄의 법으로 나를 사로잡는 것을 보는도다 ²⁴오호라 나는 곤고한 사람이로다 이 사망의 몸에서 누가 나를 건져 내랴 ²⁵우리 주 예수 그리스도로 말미암아 하나님께 감사하리로다 그런즉 내 자신이 마음으로는 하나님의 법을 육신으로는 죄의 법을 섬기노라

롬 8:9 만일 너희 속에 하나님의 영이 거하시면 너희가 육신에 있지 아니하고 영에 있나니 누구든지 그리스도의 영이 없으면 그리스도의 사람이 아니라

롬 8:13-14 ¹³너희가 육신대로 살면 반드시 죽을 것이로되 영으로써 몸의 행실을 죽이면 살리니 ¹⁴무릇 하나님의 영으로 인도함을 받는 사람은 곧 하나님의 아들이라

4. 어떻게 성령 충만을 받을 수 있습니까?

영적으로 거듭나는 것 자체가 성령의 역사이며, 누구든지 거듭남의 체험을 가진 자는 이미 성령을 받은 자다. [참고] 롬 8:16; 고전 12:3

(1) 성령 충만의 필요를 느끼고 간구해야 합니다; 가난한 심령으로 간절히 사모해야 한다.

(2) 죄를 회개하고 자신을 깨끗이 해야 합니다; 성령은 거룩한 하나님이시기 때문이다.

(3) 하나님께 자신의 생을 전적으로 의탁해야 합니다; 육신의 소욕을 버리고 성령의 도우심을 바라면서 성령을 따라야 한다.

- 성령을 받는 것과 성령으로 충만한 것은 다르다.
- **성령을 받는 것**: 예수님을 믿을 때 이뤄지는 단 한 번 있는 일이며, 이 상태는 계속 유지된다.
- **성령으로 충만한 것**: 믿은 후에 이뤄지며, 계속적이지 못하다. 그러므로 반복해서 성령 충만을 받아야 한다.
- 성령의 도움으로 성령께 온전히 순종하고 있는 상태를 성령 충만하다고 말한다.

롬 8:16 성령이 친히 우리의 영과 더불어 우리가 하나님의 자녀인 것을 증언하시나니

고전 12:3 그러므로 내가 너희에게 알리노니 하나님의 영으로 말하는 자는 누구든지 예수를 저주할 자라 하지 아니하고 또 성령으로 아니하고는 누구든지 예수를 주시라 할 수 없느니라

요일 1:9 만일 우리가 우리 죄를 자백하면 그는 미쁘시고 의로우사 우리 죄를 사하시며 우리를 모든 불의에서 깨끗하게 하실 것이요

5. 성령 충만을 받은 결과는 무엇입니까?

(1) 일상생활에서 그리스도의 성품이 드러 납니다(갈 5:22-23).

(2) 담대히 복음을 전하게 됩니다
(행 1:8, 4:31).

(3) 필요에 따라 각종 은사가 나타납니다.
■ 초대 교회가 성령 충만했을 때 외적으로 나타난 증거는 방언이었다.
■ 은사는 자기의 영광을 위해서가 아니라, 교회의 덕을 세우고 주님의 영광을 드러내는 데 사용되어야 한다.

• 성령 충만의 가장 중요한 결과는 성품의 변화다. 이것은 그가 무엇을 행하는가보다 더 중요하다.
• 성령 충만의 결과는 복음을 담대히 증거하는 것이다. 주의 제자들이 모든 박해와 환난 가운데서도 복음 증거자가 된 것은 성령 충만 때문이었다. [참고] 행 6:10, 7:55

• 은사란 본래 옛날에 왕이 신하들에게 선물로 주는 토지나 재물이었다. 성경에서는 하나님이 신자들에게 주시는 영적인 선물을 말한다.
• 성경에 나타난 은사들이 기록된 구절들:
① 롬 12:6-8
② 고전 12:8-10
③ 엡 4:11

행 1:8 오직 성령이 너희에게 임하시면 너희가 권능을 받고 예루살렘과 온 유대와 사마리아와 땅끝까지 이르러 내 증인이 되리라 하시니라

행 6:10 스데반이 지혜와 성령으로 말함을 그들이 능히 당하지 못하여

행 7:55 스데반이 성령 충만하여 하늘을 우러러 주목하여 하나님의 영광과 및 예수께서 하나님 우편에 서신 것을 보고

롬 12:6-8 ⁶우리에게 주신 은혜대로 받은 은사가 각각 다르니 혹 예언이면 믿음의 분수대로, ⁷혹 섬기는 일이면 섬기는 일로, 혹 가르치는 자면 가르치는 일로, ⁸혹 위로하는 자면 위로하는 일

로, 구제하는 자는 성실함으로, 다스리는 자는 부지런함으로, 긍휼을 베푸는 자는 즐거움으로 할 것이니라

고전 12:8-10 [8]어떤 사람에게는 성령으로 말미암아 지혜의 말씀을, 어떤 사람에게는 같은 성령을 따라 지식의 말씀을, [9]다른 사람에게는 같은 성령으로 믿음을, 어떤 사람에게는 한 성령으로 병 고치는 은사를, [10]어떤 사람에게는 능력 행함을, 어떤 사람에게는 예언함을, 어떤 사람에게는 영들 분별함을, 다른 사람에게는 각종 방언 말하기를, 어떤 사람에게는 방언들 통역함을 주시나니

엡 4:11 그가 어떤 사람은 사도로, 어떤 사람은 선지자로, 어떤 사람은 복음 전하는 자로, 어떤 사람은 목사와 교사로 삼으셨으니

6. 언제 성령의 충만함을 받을 수 있습니까?

■ 오순절 이후 성령 충만의 역사가 이미 시작되었으므로, 이제는 우리가 받을 준비만 되어 있으면 언제든지 주십니다.

(1) 사도행전 1장 5절의 약속은 모든 믿는 자에게 성령을 부어 주신다는 약속입니다.

(2) 에베소서 5장 18절의 명령은 계속적인 명령으로, 우리가 일회적으로 성령 충만을 경험하고 그치는 것이 아니라 반복적으로 경험할 수 있다는 것을 가르칩니다.

• 구약 시대에는 특정한 사람에게만 성령의 충만(기름 부음)이 있었다. 그러나 요엘 선지자의 예언대로 이제는 모든 남종과 여종, 즉 모든 육체에게 성령을 부어 주신다.

• 에베소서 5장 18절은 계속해서 성령 충만을 받으라는 뜻이다. (헬라어의 현재 명령문은 '계속'의 뜻이 있다.)

• 성령 충만은 우리가 정한 때에 우리의 방법에 의해 이루어지는 것이 아니다. 앞서 말한 성령 충만의 방법들을 다 행해도 성령 충만을 경험하지 못할 수도 있다. 성령은 하나님의 영이시므로 우리의 통제를 받지 않으시고, 오히려 성령이 우리를 지배하고 통제하신다. 그러므로 우리의 자세가 중요하다. [참고] 요 3:8

* 참고 성구

요 3:8 바람이 임의로 불매 네가 그 소리는 들어도 어디서 와서 어디로 가는지 알지 못하나니 성령으로 난 사람도 다 그러하니라

1. 성경에 나타나는 성령의 실제적인 역사 네 가지

    1) 성령의 내주(內住)(고전 3:16, 6:19): 성령이 신자들 속에 계시는 것을 말한다. 이는 예수님을 믿을 때 이뤄지며, 모든 믿는 자에게 주어진다.

    2) 성령의 은사(고전 12:8-11; 롬 12:6-8; 엡 4:11): 성령이 각 사람에게 주시는 특별한 선물이다. 이것은 주의 일을 능력 있게 감당하도록 하기 위해 주어지는 것으로, 영적 전쟁에 필요한 무기들이다. 예) 방언, 통역, 신유, 기적을 행함 등

    3) 성령을 통한 내적 확인(롬 8:15-16): 신자에게 이미 주어지거나 실현되어 있는 영적 은혜나 사실들을 성령의 도움으로 확인하는 것을 말한다. 예) 구원의 확신을 갖게 되는 것, 내가 하나님의 자녀임을 확실히 믿게 되는 것 등

    4) 성령 충만(엡 5:18-21; 갈 5:16, 25): 성령이 신자를 다스리시는 상태를 말하며, 이때 신자는 성령의 특별한 도움으로 성령의 뜻대로 살게 된다.

2. 성령의 역사에 대한 두 가지 견해

    1) 첫 번째 견해: 앞의 1)을 성령 세례로 보고, 2), 3), 4)를 성령 충만으로 보는 견해

    2) 두 번째 견해: 1)을 성령의 내주로, 2)와 3)을 성령 세례로 보고, 4)만을 성령 충만으로 보는 견해

  * 여기서 성령 세례란 물 세례와는 달리 성령으로 세례를 받는다는 말이다. 위로부터 내려오는 능력을 덧입고 은사를 받으며, 그리스도 안에서 주어진 은혜를 주관적으로 체험하고 확인하는 것을 가리킨다.

목회적인 평가

    a. 첫 번째 견해에 대하여: 이 견해를 따르면 잘못되거나 치우친 은사 활동으로 인한 교회의 무질서 등을 예방할 수 있다.

    b. 두 번째 견해에 대하여: 성령의 은사와 내적 체험을 적극적으로 권장함으로써 성도들의 영적 각성과 성숙을 북돋울 수 있다. 교회의 영적 활력이 살아나므로 교회가 성장하는 결과를 가져온다.

    c. 바람직한 방향: 성령의 은사 등에 관한 성경적 교육을 철저히 하여 지나친 은사 활동으로 인한 폐단을 예방하는 한편, 성령의 역사하심에 대해 무지하다거나 제한하는 일이 없도록 하고, 성령의 역사를 적극적으로 의지해서 교회를 섬겨 나가는 것이 바람직하겠다.

3. 성령의 역사에 대해 성도가 가질 수 있는 세 가지 입장

1) 첫 번째 입장: 성령의 역사나 은사를 부정적으로 보고 제한하는 입장으로, 말씀만을 강조하면서, 말씀만 있으면 충분하다고 본다.

2) 두 번째 입장: 성령의 은사를 이해하는 입장으로, 부인하지는 않으나 적극적으로 참여하지도 않는다. 결국은 성령의 역사를 제한하는 결과를 낳는다.

3) 세 번째 입장: 성령의 역사하심을 적극적으로 수용하는 입장으로, 성령에 의지하여 신앙생활과 교회생활을 하려고 한다.

성령의 역사에 대한 바람직한 자세

성령의 역사와 말씀은 별개의 것이 아니다.

성경에서 성령 충만과 말씀 충만은 동일하게 나타난다.

[참고] 엡 5:18-20; 골 3:16-17

- 이 두 가지를 별개의 것으로 보는 것은 성경의 가르침을 오해하는 것이다. (사탄은 이 두 가지의 분리를 조장한다.) 하나님 말씀에 대한 깊은 이해와 함께 성령의 역사하심을 적극적으로 기대하고 받아들이는 것이 바람직하다.

---

4. 성령 세례에 대한 구체적 고찰

성령의 역사에 관한 두 가지 견해 중 두 번째 견해에 입각해서 성령 세례를 성령 내주 및 성령 충만과 구별하는 입장

1) 성령 세례와 성령의 열매의 관계

성령의 세례를 받는다고 해서 반드시 성령의 열매를 맺는 것은 아니다.

[참고] 사울왕의 경우, 그는 성령의 기름 부음을 받았으나, 성령의 열매를 맺지는 못했다. 아나니아와 삽비라의 경우(행 5:1-3)는 성령의 세례를 받았다고 추측되지만, 그들의 행위는 성령의 열매가 없음을 보여 준다. 그러나 성령 세례는 성령의 열매를 맺는 데 큰 도움을 준다. 예수님의 제자들은 3년 동안이나 예수님을 따라다니며 보고 듣고 배우고 훈련받았지만, 예수님이 십자가에서 죽으시고 장사 지낸 후 모두 무서워서 숨어 있었다. 예수님의 부활을 목격한 후에도 그들은 부활의 증인이 되지 못했다. 그러나 오순절 날에 성령을 받고 성령으로 충만하게 된 이후 예수님의 주 되심과 그분의 부활을 담대히 증거하게 된다.

2) 성령 세례는 언제 주어지는가?

첫째, 물 세례 이전에 주어질 수 있다. 사도행전 10장 44-47절에 나오는 고넬료와 이방인들의 경우가 그 예다. 그들이 베드로를 통해 복음을 들을 때 성령이 그들에게 임하셨다.

둘째, 물 세례와 함께 임하기도 한다. 예수님의 경우가 그 예다. 예수님이 세례를 받으실 때 하늘이 열리고 성령이 비둘기같이 임하셨다. 이에 성령으로 충만하게 되시어 광야로 시험 받으러 나가셨다. 그 후 주님은 능력 있는 공생애를 시작하셨다.

셋째, 물 세례 이후에도 주어진다. 예수님의 제자들은 다 물 세례를 받은 자들로 볼 수 있는데, 후에 오순절 날 성령으로 세례를 받았다.

3) 성령 세례가 주어지는 조건과 방식

성령 세례는 특정한 조건이 필요하지는 않다. 왜냐하면 이것은 하나님의 주권적인 사역이기 때문이다. 그러나 경험적으로 볼 때 회개와 완전한 항복과 의심 없는 믿음과 기도는 신자가 해야 할 일이다.

4) 성령 세례의 결과

① 주님을 사랑하게 된다. 왜냐하면 성령 세례를 통해서 주님의 사랑이 우리 마음에 부어지기 때문이다(롬 5:5).

② 모든 일에 있어서 주님을 기쁘시게 하고, 그분의 계명을 지키고, 어느 것에 있어서든지 그분께 범죄하지 않으려는 열정을 가져다준다(행 4:19).

③ 하나님의 증인이 되고 싶은 열망으로 가득 차게 된다(행 4:20; 고전 9:16).

④ 여러 은사들을 동반할 수도 있다. 많은 경우에 방언의 은사가 따르지만, 반드시 그런 것은 아니다(고전 12:8-10; 롬 12:6-8; 엡 4:11).

■ 성령 세례는 개인의 영적 성숙에 없어서는 안 될 하나님의 은혜의 역사요, 교회에 있어서는 그 기능과 사역의 원동력이 된다.

* 참고 성구

고전 3:16 너희는 너희가 하나님의 성전인 것과 하나님의 성령이 너희 안에 계시는 것을 알지 못하느냐

고전 6:19 너희 몸은 너희가 하나님께로부터 받은 바 너희 가운데 계신 성령의 전인 줄을 알지 못하느냐 너희는 너희 자신의 것이 아니라

고전 12:8-11 ⁸어떤 사람에게는 성령으로 말미암아 지혜의 말씀을, 어떤 사람에게는 같은 성령을 따라 지식의 말씀을, ⁹다른 사람에게는 같은 성령으로 믿음을, 어떤 사람에게는 한 성령으로

병 고치는 은사를, ¹⁰어떤 사람에게는 능력 행함을, 어떤 사람에게는 예언함을, 어떤 사람에게는 영들 분별함을, 다른 사람에게는 각종 방언 말함을, 어떤 사람에게는 방언들 통역함을 주시나니 ¹¹이 모든 일은 같은 한 성령이 행하사 그의 뜻대로 각 사람에게 나누어 주시는 것이니라

롬 12:6-8 ⁶우리에게 주신 은혜대로 받은 은사가 각각 다르니 혹 예언이면 믿음의 분수대로, ⁷혹 섬기는 일이면 섬기는 일로, 혹 가르치는 자면 가르치는 일로, ⁸혹 위로하는 자면 위로하는 일로, 구제하는 자는 성실함으로, 다스리는 자는 부지런함으로, 긍휼을 베푸는 자는 즐거움으로 할 것이니라

엡 4:11 그가 어떤 사람은 사도로, 어떤 사람은 선지자로, 어떤 사람은 복음 전하는 자로, 어떤 사람은 목사와 교사로 삼으셨으니

롬 8:15-16 ¹⁵너희는 다시 무서워하는 종의 영을 받지 아니하고 양자의 영을 받았으므로 우리가 아빠 아버지라고 부르짖느니라 ¹⁶성령이 친히 우리의 영과 더불어 우리가 하나님의 자녀인 것을 증언하시나니

엡 5:18-21 ¹⁸술 취하지 말라 이는 방탕한 것이니 오직 성령으로 충만함을 받으라 ¹⁹시와 찬송과 신령한 노래들로 서로 화답하며 너희의 마음으로 주께 노래하며 찬송하며 ²⁰범사에 우리 주 예수 그리스도의 이름으로 항상 아버지 하나님께 감사하며 ²¹그리스도를 경외함으로 피차 복종하라

갈 5:16, 25 ¹⁶내가 이르노니 너희는 성령을 따라 행하라 그리하면 육체의 욕심을 이루지 아니하리라 ²⁵만일 우리가 성령으로 살면 또한 성령으로 행할지니

골 3:16-17 ¹⁶그리스도의 말씀이 너희 속에 풍성히 거하여 모든 지혜로 피차 가르치며 권면하고 시와 찬송과 신령한 노래를 부르며 감사하는 마음으로 하나님을 찬양하고 ¹⁷또 무엇을 하든지 말에나 일에나 다 주 예수의 이름으로 하고 그를 힘입어 하나님 아버지께 감사하라

행 5:1-3 ¹아나니아라 하는 사람이 그의 아내 삽비라와 더불어 소유를 팔아 ²그 값에서 얼마를 감추매 그 아내도 알더라 얼마만 가져다가 사도들의 발 앞에 두니 ³베드로가 이르되 아나니아야 어찌하여 사탄이 네 마음에 가득하여 네가 성령을 속이고 땅값 얼마를 감추었느냐

행 10:44, 47 ⁴⁴베드로가 이 말을 할 때에 성령이 말씀 듣는 모든 사람에게 내려오시니 ⁴⁷이에 베드로가 이르되 이 사람들이 우리와 같이 성령을 받았으니 누가 능히 물로 세례 베풂을 금하리요 하고

롬 5:5 소망이 우리를 부끄럽게 하지 아니함은 우리에게 주신 성령으로 말미암아 하나님의 사랑이 우리 마음에 부은 바 됨이니

행 4:19-20 ¹⁹베드로와 요한이 대답하여 이르되 하나님 앞에서 너희의 말을 듣는 것이 하나님의 말씀을 듣는 것보다 옳은가 판단하라 ²⁰우리는 보고 들은 것을 말하지 아니할 수 없다 하니

고전 9:16 내가 복음을 전할지라도 자랑할 것이 없음은 내가 부득불 할 일임이라 만일 복음을 전하지 아니하면 내게 화가 있을 것이로다

▌참고 도서

로렌스 형제, 《하나님의 임재 연습》(두란노, 2018)

존 번연, 《천로역정》(크리스천다이제스트, 2018)

▌다음 과를 위한 준비 과제

1. 주일 낮 예배 설교를 요점만 간단히 기록하십시오.

2. 골로새서를 읽으십시오.

3. 여덟 번째 만남 "시험을 이기는 삶"을 미리 공부하십시오.

4. 고린도전서 10장 13절과 야고보서 1장 14-15절을 암기하십시오.

5. 매일 큐티를 하고 큐티 나눔을 하도록 하십시오.

■ 이 과의 진행

과제 점검 (15분)	1. 지난 한 주 동안의 삶을 서로 나누십시오. 2. 골로새서를 매일 읽었는지 알아보십시오. 　읽은 것에서 인상 깊은 말씀이 무엇이었는지 알아보십시오. 3. 지난 주간의 큐티 중 받은 은혜를 서로 나누십시오. 4. 지난 과의 요점을 간단히 복습하십시오. 5. 이 과의 성구를 반복해서 암송시키십시오(고전 10:13; 약 1:14-15). 6. 주일 설교 말씀을 통해서 받은 은혜를 잠깐 나누십시오.
도입 (5분)	1. 키 그림을 가지고 이 과에 적용하여 설명해 주십시오. 2. 교재의 '도입 말'을 통해 이 과의 중요성을 깨닫고 문제의식을 갖게 하 　십시오.
교재 토의 (60분)	1. 이 과의 요점을 생각하면서 토의하십시오. 2. 동반자에게 한 단락씩 또는 한 문제씩 읽거나 답하게 한 후 양육자가 보충 　질문과 설명을 하면서 서로 삶을 나누십시오. 3. 강조해야 할 점 　(1) 시험의 세 가지 경로에 대해 알게 할 것 　(2) 시험의 속성에 대해 알게 할 것 　(3) 시험을 이기는 방법에 대해 확실히 알게 할 것
마무리 (10분)	1. 이 과의 요점을 살려서 결론을 맺으십시오. 2. 이 과에서 받은 말씀의 은혜를 가지고 결단의 기도를 드리십시오. 　기도 제목을 나누고 책자 뒤에 있는 〈기도 계획표〉에 기록해 두십시오. 　서로를 위해 중보 기도를 간절히 하고 끝맺으십시오. 3. 다음 과를 위한 준비 과제와 기타 지시 사항을 알려 주십시오.

* 전체 소요 시간을 약 90분으로 한다.

* 구체적인 형편에 따라 융통성 있게 조정해 가면서 진행한다.

* 찬송가: 585장("내 주는 강한 성이요"), 342장("너 시험을 당해")

■ 이 과의 요점

1. 그리스도인이 경험하는 유혹과 시험에 대하여 살핀다.
2. 그 시험이 어떻게 발생하며, 그러한 시험들에 어떻게 대처하면서 승리할 수 있는지를 이해
   하게 한다.

▌줄거리

1. 시험의 종류
2. 사탄의 세 가지 시험 경로
   1) 직접 공격
   2) 세상을 통한 공격
   3) 욕심을 통한 공격
3. 세 가지 경로에 따른 시험의 속성
   대표적인 예
   시험을 이기는 방법

▌도입 말

성령 충만을 경험하고 나서도 신자는 종종 좌절과 실의를 경험한다. 그 이유는 시험이 있기 때
문이다. 이미 예수님을 구주로 믿고 거듭나는 경험을 했음에도 불구하고, 우리는 우는 사자처
럼 돌아다니며 믿는 자들까지도 넘어지게 하려는 사탄으로 인해 시험을 당한다(벧전 5:8). 그래
서 우리의 구원은 이미 시작되었지만, 아직 온전히 완성된 것은 아니다('이미' 그러나 '아직 아니'). 우
리는 초림과 재림 사이에 살고 있다. 주님은 십자가에서 죽으심으로써 사탄의 머리를 짓밟으
셨다. 그러나 사탄은 아직 꼬리에 남은 힘을 가지고 사력을 다하여 하나님의 백성을 시험하고
넘어뜨리려 한다(창세기 3장 15절에 기록된 여자의 후손의 언약).

* 참고 성구

벧전 5:8 근신하라 깨어라 너희 대적 마귀가 우는 사자같이 두루 다니며 삼킬 자를 찾나니

창 3:15 내가 너로 여자와 원수가 되게 하고 네 후손도 여자의 후손과 원수가 되게 하리니 여자
의 후손은 네 머리를 상하게 할 것이요 너는 그의 발꿈치를 상하게 할 것이니라 하시고

▌교재 내용 연구

■ 머리글을 읽고 인상적인 말을 찾아보십시오. 그 이유는 무엇입니까?

- 양육자가 동반자와 함께 읽고 물어보라. 그러면 동반자가 시험에 대해 어떻게 생각하고 있는지 알 수 있다.

■ 성경에는 두 가지 시험이 나타납니다. 요약해 보십시오.
  ① 유혹(약 1:13-14): 이것은 사탄이 사람의 정욕과 세상의 풍조를 이용해 사람을 넘어뜨리려고 행하는 것이다(temptation).
  ② 테스트 혹은 시험(창 22:1): 이것은 하나님께로부터 오는 것으로 어떤 일에 우리가 자격이 있는지를 알아보고자 하시는 것이다. 이로써 우리의 신앙을 성숙시켜 가신다.

- 교재에서는 시험을 세 가지로 나누고 있으나, 이 지침서에서는 유혹과 테스트 두 가지로 나누기로 한다. 왜냐하면 본래 시련은 유혹과 테스트를 겪고 있는 과정을 말하기 때문이다.
- '시험'이란 말에는 실험, 시험, 유혹 등의 뜻이 있다.
- 시험의 주체와 목적을 따라 살펴보면 다음과 같다.
  a. 성도를 훈련시키기 위해 하나님이 허락하시는 것 [참고] 창 22:1; 신 13:3; 요 6:6
  b. 성도를 멸망시키기 위해 사탄이 행하는 것 [참고] 마 4:3; 약 1:13

■ 고린도전서 10장 13절을 묵상하십시오.
  1) 우리가 당하는 모든 시험은 어떤 시험입니까?
    - 사람이 감당할 수 있는 시험이다.

- 하나님은 감당할 수 없는 시험을 허락하지 않으신다는 말씀에 대해 어떻게 생각하는가? 동반자의 생각을 들어 보라.
- 모든 피조물에 대한 하나님의 절대 주권성을 인정해야 한다. (마귀에 대해서도 하나님은 절대 주권을 갖고 계신다.)

  2) 우리가 시험을 당할 때 능히 이기게 하시는 분은 누구십니까?
    - 하나님이 이기게 하신다.

- 나 자신의 힘으로 이겨 내려 할 때는 불안과 염려가 앞서게 된다. 그러나 하나님이 이기게 하신다는 확신이 있으면 소망 중에 견딜 수 있게 된다.
  예) 가나안 땅을 정탐했을 때 여호수아와 갈렙은 이런 확신이 있었다. 반면 다른 열 명은 낙심했다. [참고] 민 13-14장

3) 시험에 들어 죄에 빠지지 않기 위해서
는 어떻게 해야 합니까?
- 피할 길을 찾아야 한다.

- 깨어 기도할 때에 하나님이 예비하신 피
할 길을 찾을 수 있다. 피할 길을 예비해
놓으셨다는 확신을 갖는 것이 중요하다.
- 성도들이 궁극적으로 피할 수 있는 길은
천국이다.

4) 하나님이 시험을 제거해 주십니까?
- 아니다. 하나님은 우리에게 적극적인
태도를 바라신다.

- '하나님이 아버지시니 다 알아서 해 주시
겠지' 하는 태도는 그릇된 것이다.

5) 우리를 위해 하나님이 하시는 일은 무
엇입니까?
- 하나님은 우리가 당하는 시험을 통제하
시고, 그 시험을 피할 길을 내 주신다.

6) 시험에 빠지지 않기 위해 우리가 할 수
있는 일은 무엇입니까?
(1) 기도하는 일(마 6:13)
(2) 하나님 말씀으로 자신을 통제하는
일(시 119:9, 11)
(3) 믿음으로 무장하여 이겨 내는 일
(요일 5:4-5)
(4) 하나님께 복종하고 마귀를 대적하
는 일(약 4:7)

- '말씀을 마음에 둔다'는 말은 말씀을 암송
하여 마음 판에 새기는 것을 뜻한다.
- 우리가 거듭나고 하나님의 자녀로 다시
태어나면 우리는 시험을 이길 권세를 얻
는다. 이것은 우리가 강해서가 아니라 하
나님의 아들 예수 그리스도의 이름의 권
세가 강하기 때문이다.
- 하나님께 복종하는 것만으로는 부족하다.
우리는 때때로 마귀를 대적해야 한다. 대
적한다는 것은 마귀의 생각과 반대되는
정신으로 맞서는 것이다. 그래서 로마서
12장 2절에서 바울은 "너희는 이 세대를
본받지 말라"고 했다.
- 하나님께 순종하지 않으면서 마귀를 대
적하는 태도에 대해서는 어떻게 생각하는
가? (그릇된 태도다. 하나님께 순종하는 가운데 마귀
를 대적해야 한다.)

* 참고 성구

신 13:3 너는 그 선지자나 꿈꾸는 자의 말을 청종하지 말라 이는 너희의 하나님 여호와께서 너희가 마음을 다하고 뜻을 다하여 너희의 하나님 여호와를 사랑하는 여부를 알려 하사 너희를 시험하심이니라

요 6:6 이렇게 말씀하심은 친히 어떻게 하실지를 아시고 빌립을 시험하고자 하심이라

마 4:3 시험하는 자가 예수께 나아와서 이르되 네가 만일 하나님의 아들이어든 명하여 이 돌들로 떡덩이가 되게 하라

마 6:13 우리를 시험에 들게 하지 마시옵고 다만 악에서 구하시옵소서 (나라와 권세와 영광이 아버지께 영원히 있사옵나이다 아멘)

시 119:9, 11 [9]청년이 무엇으로 그의 행실을 깨끗하게 하리이까 주의 말씀만 지킬 따름이니이다 [11]내가 주께 범죄하지 아니하려 하여 주의 말씀을 내 마음에 두었나이다

요일 5:4-5 [4]무릇 하나님께로부터 난 자마다 세상을 이기느니라 세상을 이기는 승리는 이것이니 우리의 믿음이니라 [5]예수께서 하나님의 아들이심을 믿는 자가 아니면 세상을 이기는 자가 누구냐

약 4:7 그런즉 너희는 하나님께 복종할지어다 마귀를 대적하라 그리하면 너희를 피하리라

■ 계속해서 이 구절(고전 10:13)을 가지고 적용해 보라.

1) 내가 지금 당하고 있는 시험은 무엇입니까? 여기에 대한 답은 각자의 상황에 따라 다를 것이다.

- 양육자가 먼저 자신에게 시험이 되었던 것을 나눔으로써, 동반자가 자신의 문제들을 말할 수 있도록 하라. 예) 경제적인 시험, 정욕의 시험, 인간관계에서 오는 시험 등
- 서로 나누면 절대적으로만 여겨지던 자신의 어려움이 상대화되면서(약화되면서) 하나님께 대해 닫혔던 마음을 열 수 있게 된다.

2) 시험으로부터 벗어날 수 있는 하나님의 방법은 무엇이라고 생각합니까?
  ① 하나님을 신뢰하는 것이다. 그분은 우리가 시험당할 때에 피할 길을 내신다. 그러므로 우리는 시험을 두려워할 필요가 없다.
  ② 기도로 깨어 있고 말씀으로 무장하며, 마귀를 대적하는 것이다.

- 여기서 어떤 정답을 주기보다는 각자 자신의 경험을 이야기하게 하는 것도 좋다.
- 동반자 자신은 시험으로부터 어떻게 벗어나는지 질문해 보라.

■ 사탄의 세 가지 시험

여기서는 사탄이 신자를 공격해 오는 세 가지 통로에 대하여 다룬다. 그 세 가지는 직접적인 공격, 세상을 통한 공격, 인간의 육신의 욕심을 통한 공격이다.

1. 사탄은 직접 우리를 공격합니다.

■ 사탄의 공격의 목적이 무엇이라고 말하고 있는가?
 ① 우리가 가지고 있는 '하나님에 대한 의식'을 희미하게 만드는 것
 ② 우리와 하나님의 관계를 의심하게 하는 것
 ③ 하나님의 말씀과 그분의 신실성 등을 부인하게 만드는 것

1) 사탄은 가룟 유다를 어떻게 공격합니까? 누가복음 22장 3절에서는 사탄이 가룟 유다에게 들어갔다고 했고, 요한복음 13장 2절에서는 그의 마음속에 나쁜 생각을 넣었다고 했다. 사탄은 영적인 존재이므로 사람의 마음속에 들어가기도 하고, 마음속에 어떤 생각을 집어넣기도 한다.

• 마르틴 루터는 "새가 우리 머리 위로 지나가는 것을 막을 수는 없어도, 둥지 트는 것을 막을 수는 있다"고 했다. 즉 사탄은 우리를 수시로 유혹하지만, 거기에 대해 우리가 동조하지 않을 때는 더 이상 기승을 부릴 수 없다.
• 이 질문의 의도는 사탄이 우리를 직접 공격하기도 한다는 것을 보여 주기 위한 것이다.

■ 사탄의 공격은 어떻게 다루어야 합니까?
 ① 사탄의 존재를 인정해야 한다.
 ② 사탄을 대적해야 한다(약 4:7).

• 적을 알고 자신을 알면 백전백승이다!

■ 구체적으로 사탄을 어떻게 대적할 수 있습니까?
 - 성령의 검인 하나님의 말씀을 가지고 대적할 수 있다.

• 이때의 '말씀'은 자신의 구체적인 상황에 적합한 말씀을 가리킨다(레마).

■ 성경 말씀을 잘 알아야 할 필요성이 여기에 있습니다.

• 이를 위해서는 무엇이 필요하다고 생각하는가? (성경 암송과 성경 연구가 필요하다.)

* 참고 성구

눅 22:3 열둘 중의 하나인 가룟인이라 부르는 유다에게 사탄이 들어가니

요13:2 마귀가 벌써 시몬의 아들 가룟 유다의 마음에 예수를 팔려는 생각을 넣었더라

약4:7 그런즉 너희는 하나님께 복종할지어다 마귀를 대적하라 그리하면 너희를 피하리라

2. 사탄은 세상을 통해 우리를 공격합니다.

■ 첫 부분의 글을 읽고 마음에 와닿는 말을 이야기해 보십시오.

- 사탄의 공격은 이 세상이라는 간접 매개를 통해 올 수도 있다.
- 여기서 세상이란 하나님을 등진 채 형성된 사고방식, 가치관, 문화, 문물, 제도나 구조 등을 총칭하는 말이다.

■ 특별히 이 시험이 가장 미묘한 것이라고 말하는 이유는 어디에 있습니까?
  - 사람들이 별로 문제시하지 않지만, 영적인 면에서는 크게 손실을 가져오기 때문이다.

■ 세상이 우리의 욕심을 자극해서 유혹하는 세 가지 영역은 무엇이며, 구체적인 예는 어떤 것들이 있습니까(요일 2:16)?
  ① 육신의 정욕

- 이것은 음탕한 감각적 쾌락 또는 부패한 마음의 충동을 뜻한다. [참고 갈 5:19-21]

  ② 안목의 정욕

- 이것은 눈에 보는 대로 탐하는 것같이 눈을 통해 들어오는 소욕으로, 거짓되고 사악한 정신적 욕망과 희열을 말한다.
  [참고 창 3:6]

  ③ 이생의 자랑

- 이것은 자신의 우월함을 나타내기 위해 세상적인 가치를 제일로 삼고 사는 자기 본위의 생활을 뜻한다.
- 이러한 것들은 하나님으로부터 온 것이 아니다. 세상으로부터 온 것으로서 이를 사랑하는 자에게는 하나님의 사랑이 그 안에 없다. [참고 요일 2:15-16]

■ 한 젊은 부부의 이야기를 읽고 느낀 점을 말해 보십시오.

■ 우리는 이러한 시험에 어떻게 대처해야 합니까(마 6:19-34, 특히 31, 33-34절)?

① 이런 시험들을 피해 버리면 되는 것 일까?

그렇지 않다고 여긴다면 그 이유는?

[참고] 요 17:15

② 적극적인 방법으로는 무엇이 있을까?

[참고] 롬 8:31, 37

• 주님이 바라시는 것은 성도들을 세상에서 데려가시는 것이 아니라, 오직 그들이 악에 빠지지 않게 보전하시는 것이기 때문이다.

• 먼저 하나님의 나라를 구하는 것이다. 즉 하나님을 무엇보다도 먼저 사랑하는 것이다. (다음 보충 설명 중 (2)를 참고하라.)

보충 세상의 유혹을 이길 수 있는 길은 무엇일까?

(1) 디모데후서 3장 1-4절에서 바울은 말세에 사랑이 어떻게 왜곡될 것인가에 관해 말하면서 사람들이 하나님보다는 돈과 쾌락과 자기 자신을 더 사랑하게 될 것을 내다보았다. 어거스틴(Augustine)은 이러한 상태를 사랑의 우선순위가 잘못되어 있는 것이라고 지적하고, 하나님에 대한 사랑이 자기 자신이나 제삼자(다른 사람이나 사물 등)에 대한 사랑보다 우선 되어야 한다고 역설했다.

(2) 하나님에 대한 사랑은 하나님이 나를 얼마나 사랑하시는지 확신하게 될 때 비로소 생기게 된다. 나를 향한 하나님의 사랑에 대한 확신은 우리로 하여금 이 세상의 모든 유혹을 이겨 내게 해 준다. 로마서 8장 37절에서 바울은 "그러나 이 모든 일에 우리를 사랑하시는 이로 말미암아 우리가 넉넉히 이기느니라"라고 힘주어 고백했다.

(3) 그러면 이 사랑의 확신을 어떻게 얻을 수 있을까? 여러 가지의 길이 있겠다. 특별히 빌립보서 3장 10-11절을 보면 바울은 일생의 목표로 "내가 그리스도와 그 부활의 권능과 그 고난에 참여함을 알고자 하여 그의 죽으심을 본받아 어떻게 해서든지 죽은 자 가운데서 부활에 이르려 하노니"라고 말했다. 그는 그리스도의 죽으심을 본받는 것을 주님의 사랑을 알 수 있는 길로 생각하고 일생 동안 부단히 노력했다. 우리의 구체적인 삶 속에서 바울과 같은 태도로 주님 앞에 나아가기를 힘쓸 때 성령은 우리에게 주님의 사랑을 깨닫게 하신다.

(4) 주님의 사랑이 어떠함을 깨닫게 되면 주님의 충만함이 공허한 우리 심령 안에 충만하게 깃들게 된다. 그래서 바울은 에베소서 3장 19절에서, "그 너비와 길이와 높이와 깊이가 어떠함을 깨달아 하나님의 모든 충만하신 것으로 너희에게 충만하게 하시기를 구하노

라"라고 기도했다.

(5) 이렇게 하나님의 모든 것으로 충만해진 사람은 바울과 같이 고백할 수 있게 된다. "무명한 자 같으나 유명한 자요 죽은 자 같으나 보라 우리가 살아 있고 징계를 받는 자 같으나 죽임을 당하지 아니하고 근심하는 자 같으나 항상 기뻐하고 가난한 자 같으나 많은 사람을 부요하게 하고 아무것도 없는 자 같으나 모든 것을 가진 자로다"(고후 6:9-10). 이러한 사람은 세상의 어떤 유혹도 이길 수 있다!

* 참고 성구

요일 2:16 이는 세상에 있는 모든 것이 육신의 정욕과 안목의 정욕과 이생의 자랑이니 다 아버지께로부터 온 것이 아니요 세상으로부터 온 것이라

갈 5:19-21 [19]육체의 일은 분명하니 곧 음행과 더러운 것과 호색과 [20]우상 숭배와 주술과 원수 맺는 것과 분쟁과 시기와 분 냄과 당 짓는 것과 분열함과 이단과 [21]투기와 술 취함과 방탕함과 또 그와 같은 것들이라 전에 너희에게 경계한 것같이 경계하노니 이런 일을 하는 자들은 하나님의 나라를 유업으로 받지 못할 것이요

창 3:16 또 여자에게 이르시되 내가 네게 임신하는 고통을 크게 더하리니 네가 수고하고 자식을 낳을 것이며 너는 남편을 원하고 남편은 너를 다스릴 것이니라 하시고

요일 2:15 이 세상이나 세상에 있는 것들을 사랑하지 말라 누구든지 세상을 사랑하면 아버지의 사랑이 그 안에 있지 아니하니

마 6:31, 33-34 [31]그러므로 염려하여 이르기를 무엇을 먹을까 무엇을 마실까 무엇을 입을까 하지 말라 [33]그런즉 너희는 먼저 그의 나라와 그의 의를 구하라 그리하면 이 모든 것을 너희에게 더하시리라 [34]그러므로 내일 일을 위하여 염려하지 말라 내일 일은 내일이 염려할 것이요 한 날의 괴로움은 그날로 족하니라

요 17:15 내가 비옵는 것은 그들을 세상에서 데려가시기를 위함이 아니요 다만 악에 빠지지 않게 보전하시기를 위함이니이다

롬 8:31, 37 [31]그런즉 이 일에 대하여 우리가 무슨 말 하리요 만일 하나님이 우리를 위하시면 누가 우리를 대적하리요 [37]그러나 이 모든 일에 우리를 사랑하시는 이로 말미암아 우리가 넉넉히 이기느니라

딤후 3:1-4 [1]너는 이것을 알라 말세에 고통하는 때가 이르러 [2]사람들이 자기를 사랑하며 돈을 사랑하며 자랑하며 교만하며 비방하며 부모를 거역하며 감사하지 아니하며 거룩하지 아니하며 [3]무정하며 원통함을 풀지 아니하며 모함하며 절제하지 못하며 사나우며 선한 것을 좋아하지 아니하며 [4]배신하며 조급하며 자만하며 쾌락을 사랑하기를 하나님 사랑하는 것보다 더하며

빌 3:10-11 [10]내가 그리스도와 그 부활의 권능과 그 고난에 참여함을 알고자 하여 그의 죽으심을 본받아 [11]어떻게 해서든지 죽은 자 가운데서 부활에 이르려 하노니

고후 6:9-10 ⁹무명한 자 같으나 유명한 자요 죽은 자 같으나 보라 우리가 살아 있고 징계를 받는 자 같으나 죽임을 당하지 아니하고 ¹⁰근심하는 자 같으나 항상 기뻐하고 가난한 자 같으나 많은 사람을 부요하게 하고 아무것도 없는 자 같으나 모든 것을 가진 자로다

■ 우리가 돌아보아야 할 경건 생활의 영역을 생각해 보십시오.
하나님과의 교제(QT), 가정 생활, 부부 관계, 자녀 교육, 혹은 자녀와의 관계, 언어 생활, 의식주 생활, 직업의 선택, 직장 근무 태도, 문화, 취미 생활

• 여기서 말하려는 것은, 결국 우리의 모든 생활 영역이 경건 생활의 영역이 되어야 한다는 사실이다.

3. 사탄은 육신의 욕심을 통해 우리를 공격합니다.

■ 첫 부분을 읽고 인간의 여러 욕구에 대한 자신의 생각을 나누어 보십시오.
욕구는 그 자체가 죄인가?
욕구들을 잘못 사용하는 경우를 구체적으로 말해 보라.

• 욕구 그 자체가 죄는 아니다. 그러나 욕구는 사용할 때 다음과 같은 세 가지 질문을 던져 보고 부끄러움이 없어야 한다.
a. 자신에게 유익한가?
b. 그 욕구에 매여서 거기에 오히려 노예 상태로 빠지게 되지는 않는가?
c. 그 욕구를 사용함으로써 다른 사람들의 신앙을 무너뜨리는가, 아니면 세워 주는가? [참고] 고전 6:12(이 말씀은 그리스도 안에 있는 자에게는 모든 것이 자유스러우나, 행하고자 하는 그것이 자신에게 유익한지, 그것에 매여 노예 상태에 빠지지는 않는지 살펴보고, 합당하지 않다면 하지 말라는 뜻이다), 10:23-24(이 말씀은 자기 자신은 해도 괜찮으나 다른 사람을 주님 앞에서 넘어지게 하는 결과를 가져온다면 해서는 안 된다는 뜻이다).

* 참고 성구
고전 6:12 모든 것이 내게 가하나 다 유익한 것이 아니요 모든 것이 내게 가하나 내가 무엇에든지 얽매이지 아니하리라
고전 10:23-24 ²³모든 것이 가하나 모든 것이 유익한 것은 아니요 모든 것이 가하나 모든 것이 덕

을 세우는 것은 아니니 ^{24}누구든지 자기의 유익을 구하지 말고 남의 유익을 구하라

■ 사무엘하 11장 1-4절을 읽으십시오. 사탄이 육체의 정욕을 통해 공격했던 좋은 본보기입니다. 여기에서 다윗은 실패한 데 비해, 창세기 39장에서의 요셉은 승리했습니다. 그 차이는 무엇입니까?

① 다윗: 전쟁 중인데도 낮잠을 즐기면서 깨어 있지 못했다. 또 안목의 정욕에 자신을 내 주고 말았다.

② 요셉: 주인의 신뢰를 저버릴 수 없었다. 또한 하나님을 의식하며 하나님을 경외하는 마음으로 그 유혹을 떨쳐 버렸다.

• 여기서 다시 한 번 루터의 말을 회상해 보자. 요셉은 머리 위에 둥지를 틀려는 새를 쫓아 보낸 반면, 다윗은 그 새가 집을 짓도록 허용한 셈이다.

• 종교 개혁자들의 모토 가운데 '하나님의 면전에서'(코람 데오, Coram Deo)라는 말이 있다. 이 말은 우리가 하나님의 얼굴 앞에서 살아가고 있음을 강조한 말로, 하나님을 경외하는 태도를 잘 나타내 준다.

■ 우리가 시험을 이기기 위해 피해야 할 것에는 어떤 것들이 있는지 생각해 보십시오. 예) 게으르고 나태한 시간, 시험에 들 만한 자리나 장소, 악한 행위를 권하는 친구들 등

■ 생물 수업을 준비하러 해변가를 찾은 두 청년에 관한 글을 읽고 느낀 점은 무엇입니까?

■ 디모데후서 2장 22절은 청년의 정욕을 해결하는 방법으로 어떤 명령을 합니까?

"주를 깨끗한 마음으로 부르는 자들과 함께 의와 믿음과 사랑과 화평을 따르라."

• 양육자가 먼저 자신이 피해야 할 것을 솔직하게 말하고, 동반자에게도 말하게 하라.

• 디모데후서 2장 22절의 청년의 정욕에는 성적 정욕도 포함되지만, 주로 반항심이나 영웅심과 같은 혈기에서 나오는 것들을 의미한다.

• 성도의 사귐 속에 머무는 것은 우리 자신을 유혹으로부터 지키는 중요한 방편이다.

보충

그러면 우리는 자신의 연약함을 이유로 세상으로부터 피하기만 할 것인가? 유혹이 많은 세상에 나아가 적극적으로 접촉하여 전도하고 섬기기 위해서는 어떻게 해야 할 것인가?

우리 안에서는 타락한 본성에서 나오는 욕구와 성령의 역사하심으로 생기는 욕구가 서로 대

적하고 있다(갈 5:17). 그렇기에 양자택일의 상황 속에서 부단한 갈등과 함께 믿음의 결단을 하는 것을 볼 수 있다. 이러한 믿음의 선한 싸움이 우리 안에 있는 것이다. 그런데 우리의 속사람이 연약해 성령의 뜻을 택하지 못한다. 그래서 바울은 이러한 우리의 연약한 속사람이 강건하게 되기 위해서 성령의 능력의 역사를 기도했다(엡 3:16).

실제로 우리는 수많은 실패와 좌절을 겪게 된다. 그럼에도 믿음의 선한 싸움을 계속해 나갈 수 있는 것은 우리에게 소망이 있기 때문이다. 즉 바울은 이러한 부단한 연단을 통해서 결국에는 '의와 평강의 열매'를 맺게 된다고 말했다(히 12:11). 그러므로 우리는 적극적으로 이러한 경건의 훈련을 해 나가야 한다. 그리하여 우리도 주님처럼 세상에 대해 강인한 군사다움을 가지고 담대히 대처해 나가야 할 것이다.

* 참고 성구

갈 5:17 육체의 소욕은 성령을 거스르고 성령은 육체를 거스르나니 이 둘이 서로 대적함으로 너희가 원하는 것을 하지 못하게 하려 함이니라

엡 3:16 그의 영광의 풍성함을 따라 그의 성령으로 말미암아 너희 속사람을 능력으로 강건하게 하시오며

히 12:11 무릇 징계가 당시에는 즐거워 보이지 않고 슬퍼 보이나 후에 그로 말미암아 연단받은 자들은 의와 평강의 열매를 맺느니라

▌ 참고 도서

하용조, 《광야의 삶은 축복이다》(두란노, 2010)

필립 얀시, 《삶이 고통스러울 때》(두란노, 2011)

이정환, 《연약함이 건네는 위로》(토기장이, 2019)

리 스트로벨, 《특종! 믿음 사건》(두란노, 2011)

▌ 다음 과를 위한 준비 과제

1. 주일 낮 예배 설교를 요점만 간단히 기록하십시오.

2. 베드로전후서를 읽으십시오.

3. 아홉 번째 만남 "순종하는 삶"을 미리 공부하십시오.

4. 로마서 12장 1절과 누가복음 9장 23절을 암기하십시오.

5. 매일 큐티를 하고 큐티 나눔을 하도록 하십시오.

■ 이 과의 진행

과제 점검 (15분)	1. 지난 한 주 동안의 삶을 서로 나누십시오. 2. 베드로전후서를 매일 읽었는지 알아보십시오. 읽은 것에서 인상 깊은 말씀이 무엇이었는지 알아보십시오. 3. 지난 주간의 큐티 중 받은 은혜를 서로 나누십시오. 4. 지난 과의 요점을 간단히 복습하십시오. 5. 이 과의 성구를 반복해서 암송시키십시오(롬 12:1; 눅 9:23). 6. 주일 설교 말씀을 통해서 받은 은혜를 잠깐 나누십시오.
도입 (5분)	1. 키 그림을 가지고 이 과에 적용하여 설명해 주십시오. 2. 교재의 '도입 말'을 통해 이 과의 중요성을 깨닫고 문제의식을 갖게 하십시오.

교재 토의
(60분)
	1. 이 과의 요점을 생각하면서 토의하십시오.
	2. 동반자에게 한 단락씩 또는 한 문제씩 읽거나 답하게 한 후 양육자가 보충 질문과 설명을 하면서 서로 삶을 나누십시오.
	3. 강조해야 할 점
	  (1) 왜 순종해야 하는지 깨닫게 할 것
	  (2) 불순종의 결과를 알게 할 것

마무리
(10분)
	1. 이 과의 요점을 살려서 결론을 맺으십시오.
	2. 이 과에서 받은 말씀의 은혜를 가지고 결단의 기도를 드리십시오.
	  기도 제목을 나누고 책자 뒤에 있는 〈기도 계획표〉에 기록해 두십시오.
	  서로를 위해 중보 기도를 간절히 하고 끝맺으십시오.
	3. 다음 과를 위한 준비 과제와 기타 지시 사항을 알려 주십시오.

* 전체 소요 시간을 약 90분으로 한다.

* 구체적인 형편에 따라 융통성 있게 조정해 가면서 진행한다.

* 찬송가: 425장("주님의 뜻을 이루소서"), 459장("누가 주를 따라")

■ 이 과의 요점

1. 제자의 삶을 영위하는 데 있어서 빼놓을 수 없는 것이 순종임을 알게 한다.
2. 순종의 뜻을 이해하고, 어떤 영역에서 누구에게 순종할 것인가를 공부한다.
3. 훈련된 그리스도의 제자로서 순종을 배우고 실천하도록 돕는다.

┃ 줄거리

1. 순종의 의미와 기본자세
2. 순종의 영역과 대상
3. 순종과 불순종의 사례
4. 순종하는 자들에게 주시는 여러 가지 약속들
5. 순종하는 그리스도인들을 위하여 예비된 축복들

┃ 도입 말

그리스도 중심의 삶에 있어서 또 하나의 중요한 부분은 순종이다. 순종이란 주님 앞에서의 태도를 말한다. 우리는 일시적으로 성령 충만을 경험하고 시험을 이겨 낼 수 있을지 모른다. 그러나 계속적으로 그리스도가 다스리시는 삶을 살기 원한다면 주님께 순종하는 진지한 훈련이 필요하다. 순종이란 주님의 뜻 앞에 나 자신의 주장을 포기하는 것이기 때문에 때로는 대단히 짐스럽게 여겨질 수도 있다. 그러나 순종 없이는 주님의 참다운 제자가 될 수 없다. 순종은 주님의 사랑과 애정에 대한 나의 사랑의 표현이다. 단지 주님이 주시는 축복만을 바라고 십자가는 거부하는 것은 미성숙한 태도다. 주님의 나라는 그분의 절대적인 주권 아래 이루어져 간다. 그렇기에 순종은 주님을 위해 일하는 사람이 반드시 갖춰야 하는 태도다.

┃ 교재 내용 연구

첫 부분을 읽고 마음에 와닿는 내용을 말해 보게 하라. 그리고 왜 그 부분이 와닿는지 이유를 물어보라.

1. 순종의 의미와 기본자세

1) 누가복음 5장 1-11절을 읽으십시오. 베드로는 주님께 어떻게 순종을 나타냈습니까?
  - 주의 말씀에 의지하여 그물을 던졌고, 모든 것을 버리고 주님을 좇았다.

- 주님께 대한 한순간의 순종이 베드로를 사도가 되게 했다. 여기에 대해 느낀 점이 있으면 동반자로 하여금 말해 보게 하라.

- 에베소서 5장 16절의 "세월을 아끼라"라는 말씀은 주님이 주신 기회를 선용하라는

뜻이다. 나에게 지금 주님이 주신 기회는 어떤 것인가? 나는 그것을 잘 선용하고 있는가?

2) 그리스도인들이 주님께 전적으로 순종하기 위해서는 어떤 기본자세가 필요합니까?
  (1) 예수님에 대해(마 28:18):
      그분이 하늘과 땅의 모든 권세를 하나님께로부터 받았다는 사실을 알고 경외해야 한다.

[참고] 엡 5:21, "그리스도를 경외함으로 피차 복종하라."

  (2) 자신에 대해(롬 12:1):
      주께서 베푸신 크신 자비를 깨닫고, 우리 몸을 하나님이 기뻐하시는 산 제물로 드려야 한다.

• 우리가 드리는 제물을 하나님이 다 받으시는 것은 아니다. 하나님의 뜻을 따라 드리는 제물이라야 받으신다. [참고] 롬 12:2

  (3) 예수님과 자신의 관계에 대해(눅 9:23):
      예수님은 우리에게 모범을 보여 주셨고 우리는 십자가를 지고 주를 따라야 한다.

[참고] 요 13:15, "내가 너희에게 행한 것같이 너희도 행하게 하려 하여 본을 보였노라."
• 세 가지 자세에 비추어 주님을 믿고 따르는 우리 자신의 내면의 모습과 태도를 서로 나누어 보라.
• 단순한 삶의 방식을 갖는 것이 중요하다.
  [참고] 히 12:1

■ 모래주머니가 달린 열기구 이야기를 읽고 느낀 점을 서로 말해 보십시오.

2. 순종의 영역과 대상

1) 그리스도의 제자들이 예수님을 따르기 위해 자기를 부인해야 하는 영역에는 어떤 것들이 있습니까(눅 14:25-27, 33)?
  (1) 가족들: 부모, 처자식
  (2) 자기 자신: 자기 주장, 자기 목숨
  (3) 소유물: 재물, 명예, 권세
  (4) 기타: 직장 생활, 사업, 취미, 여가 생활

• 누가복음 14장 25-27절에서 '미워한다'는 말은 다른 것을 하나님보다 더 사랑하지 않는다는 것을 뜻한다. 즉 사랑의 우선순위를 가리키는 말이다. [참고] 마 10:37; 눅 16:13
• 누가복음 14장 33절에서 '버리다'라는 말은 자기의 소유라는 의식을 버리고, 하나님의 소유임을 고백하면서 청지기로서의

■ 물질적인 소유에 관한 글을 읽고 느낀 점을 동반자와 서로 나누어 보십시오. 특히 물질적인 면에서 어떤 생활 양식을 가지고 있는지 허심탄회하게 이야기해 보십시오.

- 삶을 사는 것이다.
- 소유욕은 오늘날 우리에게 가장 부인하기 어려운 영역이다.
- 읽어 볼 만한 소책자: 로버트 멍어, 《내 마음 그리스도의 집》(IVP, 2011)
- 앞의 여러 영역에 비추어, 과거 또는 현재 이러한 문제로 고민하고 있는지 서로 말해 보고 권면하라.
- 십일조 생활을 하지 않는 것은 탈세다!
- 십일조를 하고 난 나머지 10분의 9를 어떻게 사용하고 있는지 서로 이야기해 보라.

* 참고 성구

엡 5:16 세월을 아끼라 때가 악하니라

엡 5:21 그리스도를 경외함으로 피차 복종하라

롬 12:2 너희는 이 세대를 본받지 말고 오직 마음을 새롭게 함으로 변화를 받아 하나님의 선하시고 기뻐하시고 온전하신 뜻이 무엇인지 분별하도록 하라

요 13:15 내가 너희에게 행한 것같이 너희도 행하게 하려 하여 본을 보였노라

히 12:1 이러므로 우리에게 구름같이 둘러싼 허다한 증인들이 있으니 모든 무거운 것과 얽매이기 쉬운 죄를 벗어 버리고 인내로써 우리 앞에 당한 경주를 하며

마 10:37 아버지나 어머니를 나보다 더 사랑하는 자는 내게 합당하지 아니하고 아들이나 딸을 나보다 더 사랑하는 자도 내게 합당하지 아니하며

눅 16:13 집 하인이 두 주인을 섬길 수 없나니 혹 이를 미워하고 저를 사랑하거나 혹 이를 중히 여기고 저를 경히 여길 것임이라 너희는 하나님과 재물을 겸하여 섬길 수 없느니라

2) 인생의 모든 영역, 특히 고난까지도 순종해야 할 부분입니다.
   (1) 하나님은 우리 인생에 어떻게 섭리하십니까? 순종하는 그리스도인은 이 섭리에 어떻게 반응해야 합니까(전 7:14)?
   - 그리스도인들은 형통하든지 곤고하든지 항상 하나님을 바라보고 그분의 선

- 순종의 영역 중에서 특히 고난을 다룬다.

- 하나님의 섭리는 아무도 알 수 없다. 다만 계시해 주신 범위 내에서만 알 수 있을 뿐이다.
- 이 두 가지를 병행하게 하시는 이유는 무엇인가?

하심을 인정해야 한다.

오직 주님만을 바라보고 의지하며 나아가기를 원하시기 때문이다.

- "눈 감고 갈 때는 손을 꼭 잡고 가려 하지만 눈 뜨고 갈 때는 손을 놓고 가려는 마음이 생긴다."
- "No Cross, No Crown"(십자가 없이는 왕관도 없다).
- 그리스도를 위해 고난을 겪을 때 그것은 곧 그리스도의 고난에 참여하는 것이다. 뿐만 아니라 우리는 그리스도의 영광에도 참여하게 된다.
- 현재의 고난은 장차 우리에게 나타날 영광과 족히 비교할 수 없다는 확신과 소망을 가져야 한다.
- 동반자의 영적 상태를 알아보고, 고난 가운데 있으면 그의 현재 태도를 파악하여 권면하고 위로하라.

(2) 순종하는 그리스도인들은 고난을 당할 때 어떤 자세를 가져야 합니까?
  - 우리가 그리스도를 따를 때 영광을 받을 뿐 아니라 고난도 함께 받는 것이 주님의 뜻이다. 그러므로 이상한 일을 당하는 것처럼 여겨서는 안 된다.

3) 그리스도인들의 순종의 대상에는 어떤 것이 있습니까?
  (1) 절대적 대상: 예수 그리스도
  (2) 상대적 대상: 가정, 교회 등
    ① 가정에서(엡 5:22, 6:1)
      - 아내는 남편에게 복종해야 한다.
      - 자녀는 부모에게 순종해야 한다.
    ② 교회에서(벧전 5:5)
      젊은이는 장로에게 복종해야 한다.
    ③ 직장에서(골 3:22)
      직원들은 고용주에게 성실한 마음으로 순종하며 일해야 한다.
    ④ 사회에서(롬 13:1)
      각 사람은 위에 있는 권세, 즉 국가의 통치권에 순종해야 한다.

- '복종한다'(to place or rank under)는 말은 자신을 상대방과 동등되게 하지 않고 그를 섬기기 위해 오히려 자기 자신을 낮춘다는 뜻이다.
- '순종하다'에는 '경청하다'(to listen), '유의하다'(to attend)라는 뜻이 있다. 즉 남의 아래에 있는 자가 자기 위에 있는 자의 말을 듣고 그대로 따른다는 뜻이다.
- 국가가 하나님을 섬기는 신앙에 대해 박해하거나 명백하게 잘못된 강요를 할 때 불복할 수 있다. 이것은 정치적인 목적의 불복이 아니고 신앙과 양심을 위한 불복이다.

3. 순종과 불순종의 사례

1) 순종의 예: 아브라함의 경우
  (1) 그는 어떤 상황에서 순종했습니까?
    ① 창 12:1-4(히 11:8): 아브라함은 고향과 정든 친지들을 떠나라는 명령에 순종했다.
    ② 창 22:1-3, 9-12: 독자 이삭을 바치라는 명령을 받고 즉각 순종했다.

  (2) 순종했을 때 그가 받은 약속은 무엇입니까(창 22:17-18)?
    - "내가 네게 큰 복을 주고 네 씨가 크게 번성하여 … 네 씨가 그 대적의 성문을 차지하리라…."

- 아브라함은 어떤 상황에서도, 심지어 아들을 바치는 극한 상황 속에서도 순종했다. 동반자에게 아브라함의 태도에 대해서 어떻게 생각하는지 물어보라.

- 이 명령은 합리적이라 생각되는가? 하나님이 명령하실 때에는 그것이 아무리 힘든 일이라 하더라도 결국 우리에게 복을 주시기 위한 것이다(신 8:16).

* 참고 성구

신 8:16 네 조상들도 알지 못하던 만나를 광야에서 네게 먹이셨나니 이는 다 너를 낮추시며 너를 시험하사 마침내 네게 복을 주려 하심이었느니라

2) 불순종의 예: 사울왕(삼상 15:18-23)
  (1) 사무엘의 반응은 어떠했습니까?
    - 하나님의 말씀으로 사울왕의 죄악을 드러내고 꾸짖었다(18-19절).

  (2) 고집과 반역을 무엇과 비교합니까?
    - 점치는 죄와 우상 숭배의 죄에 비유하고 있다(23절).

  (3) 사울이 불순종한 대가는 무엇입니까?
    - 사울은 폐위당하였다(23절).

3) 세상의 역사를 바꾸어 놓은 순종과 불순종

- 회개의 기회가 주어졌지만 자신의 행위를 변명하며 뉘우치지 않는 태도를 어떻게 생각하는가? 동반자와 나누어 보라.

- 하나님은 교만하여 불순종하는 자를 물리치신다.
- 각자의 삶의 방식을 서로 나누어 보라.

이 있습니다(롬 5:19).

(1) 아담의 불순종과 그 결과는 무엇이었습니까?
   - 아담은 하나님이 먹지 말라고 하신 선악과를 따 먹었고 그 결과 저주를 받아 에덴동산에서 쫓겨났다.

• 아담의 죄는 하나님의 말씀에 따라 살지 않고 자신의 정욕에 따라 산 데 있었다. 즉 삶의 방식에 잘못이 있었다.

(2) 그리스도의 순종과 그 결과는 무엇이었습니까?
   - 그리스도는 십자가의 죽음을 통해 인류의 죄를 대속하시고 구원의 길을 열어 놓으셨다.

• 한 알의 썩어지는 밀알의 역할과 영향에 대해 생각해 보라.
• 우리 그리스도인들의 순종은 세상에 어떤 영향을 줄 수 있는지 서로 나누어 보라.

4. 순종하는 자들에게 주시는 여러 가지 약속들

(1) 하나님의 진리에 순종한 두 가지 결과는 무엇입니까(벧전 1:22)?
   - 영혼을 깨끗하게 함과 거짓이 없이 형제를 사랑하는 것이다.

• "순종하는 삶 자체가 축복이다"라는 말에 대해 어떻게 생각하는가?
• 탕자의 비유에서 이 축복을 누가 깨닫고 있는가?
   - **돌아온 둘째 아들** [참고] 눅 15:17-19

(2) 기도 응답을 받으려면 어떻게 해야 합니까(요일 3:22)?
   - 주의 계명을 지키고, 주 앞에서 주님이 기뻐하시는 것을 행한다.

• 첫째는 속사람이 정결하게 되고, 둘째는 대인 관계가 바르게 된다.
• 이 두 가지는 함께 있어야 한다. 이러한 사람에게 하나님은 확실한 기도의 약속을 주셨다.

(3) 성령은 어떤 사람이 받을 수 있습니까?
   - 하나님께 순종하는 자(행 5:32)

• 믿을 때 성령이 성도 안에 거하시는데, 순종할 때 성령을 받는다고 하면 모순되지 않는가?
  예수님을 믿는다는 것은 인간이 하나님께 순종하는 방향으로 삶을 결단하는 것이기 때문에 모순이 아니다.

* 참고 성구

눅 15:17-19 ¹⁷이에 스스로 돌이켜 이르되 내 아버지에게는 양식이 풍족한 품꾼이 얼마나 많은가 나는 여기서 주려 죽는구나 ¹⁸내가 일어나 아버지께 가서 이르기를 아버지 내가 하늘과 아버지 께 죄를 지었사오니 ¹⁹지금부터는 아버지의 아들이라 일컬음을 감당하지 못하겠나이다 나를 품꾼의 하나로 보소서 하리라 하고

5. 순종하는 그리스도인들을 위하여 예비된 축복들

순종하는 그리스도인들에게 어떤 축복이 예비되어 있습니까?

(1) 아버지의 명령에 순종하면 그분의 사랑 안에 거하게 된다. [참고] 요 15:10

(2) 예수님께 순종하면 그분의 친구가 된다. [참고] 요 15:14-15

(3) 하나님 아버지께서는 순종하는 자들을 사랑하시고 그들에게 오셔서 거처를 함께하신다. [참고] 요 14:23

(4) 하나님의 사랑이 그 속에서 온전하게 된다. [참고] 요일 2:5

• 축복에 대한 보상 심리가 있어서는 안 된다. 그러나 좌절할 수 없는 어려운 상황에서 축복에 관한 약속의 말씀은 소망의 닻이 되어 우리의 마음과 생각을 지켜 준다. 그러므로 이를 이해하는 것이 중요하다.

• 주의 사랑이 거하지 못하면 담대함이 없게 된다. 주님의 사랑 안에 거하게 되면 어떤 유익이 있는가? [참고] 롬 8:37-39; 시 23편; 고전 13:7

 - 주님의 사랑을 확신하게 되며, 그 결과 어떤 상황에 처해도 넉넉히 이겨 내게 된다. 또한 우리의 모든 것을 주님이 책임지신다.

• '친구 관계'라는 말에는 어떤 의미가 있는가? (서로에게 비밀이 없다.)

 예) 하나님은 아브라함을 친구라 하시며, 그에게 소돔성을 심판할 것을 미리 알리셨다.

• 거처를 함께하는 자는 가족이다. 하나님은 우리의 아버지가 되시고, 우리는 그분의 자녀가 되는 것이다.

• 하나님이 아버지가 되어 주셔서 함께 살아가는 사실에 대해 감사와 감격이 있는지 서로 나누어 보라.

• 이 말은 하나님의 말씀을 지키는 자는 하나님이 우리를 사랑하시는 그 사랑을 온전히 경험하게 된다는 뜻이다.

- 하나님의 사랑은 실천적이다. 하나님의 뜻에 따라 순종해 갈 때 우리는 그 사랑을 점점 더 깨닫게 된다.
- 하나님의 사랑을 깨닫는 정도에 따라 하나님의 충만하심이 우리 안에 더욱 거하게 된다.

* 참고 성구

롬 8:37-39 [37]그러나 이 모든 일에 우리를 사랑하시는 이로 말미암아 우리가 넉넉히 이기느니라 [38]내가 확신하노니 사망이나 생명이나 천사들이나 권세자들이나 현재 일이나 장래 일이나 능력이나 [39]높음이나 깊음이나 다른 어떤 피조물이라도 우리를 우리 주 그리스도 예수 안에 있는 하나님의 사랑에서 끊을 수 없으리라

고전 13:7 모든 것을 참으며 모든 것을 믿으며 모든 것을 바라며 모든 것을 견디느니라

■ 끝부분의 글을 읽고 느낀 점을 서로 나누라. 나는 주님의 건강한 지체인가, 아니면 병들어 있는 지체인가?

▌참고 도서

앤드류 머레이,《순종》(기독교문서선교회, 2018)

찰스 피니,《순종의 기쁨》(은성, 2022)

존 비비어,《순종》(두란노, 2020)

▌다음 과를 위한 준비 과제

1. 주일 낮 예배 설교의 요점을 간단히 기록하십시오.

2. 디모데전후서를 읽으십시오.

3. 열 번째 만남 "사역하는 삶"을 미리 공부하십시오.

4. 베드로전서 2장 9절과 고린도전서 3장 9절을 암기하십시오.

5. 매일 큐티를 하고 큐티 나눔을 하도록 하십시오.

■ 이 과의 진행

과제 점검 (15분)	1. 지난 한 주 동안의 삶을 서로 나누십시오. 2. 디모데전후서를 매일 읽었는지 알아보십시오. 읽은 것에서 인상 깊은 말씀이 무엇이었는지 알아보십시오. 3. 지난 주간의 큐티 중 받은 은혜를 서로 나누십시오. 4. 지난 과의 요점을 간단히 복습하십시오. 5. 이 과의 성구를 반복해서 암송시키십시오(벧전 2:9; 고전 3:9). 6. 주일 설교 말씀을 통해서 받은 은혜를 잠깐 나누십시오.
도입 (5분)	1. 키 그림을 가지고 이 과에 적용하여 설명해 주십시오. 2. 교재의 '도입 말'을 통해 이 과의 중요성을 깨닫고 문제의식을 갖게 하 십시오.

교재 토의
(60분)
	1. 이 과의 요점을 생각하면서 토의하십시오.
	2. 동반자에게 한 단락씩 또는 한 문제씩 읽거나 답하게 한 후 양육자가 보충
	   질문과 설명을 하면서 서로 삶을 나누십시오.
	3. 강조해야 할 점
	   (1) 진정한 교회가 되기 위해서 무엇이 필요한지 알게 할 것
	   (2) 자신의 사역에 필요한 은사를 발견하게 할 것
	   (3) 훈련의 중요성을 알게 할 것

마무리
(10분)
	1. 이 과의 요점을 살려서 결론을 맺으십시오.
	2. 이 과에서 받은 말씀의 은혜를 가지고 결단의 기도를 드리십시오.
	   기도 제목을 나누고 책자 뒤에 있는 〈기도 계획표〉에 기록해 두십시오.
	   서로를 위해 중보 기도를 간절히 하고 끝맺으십시오.
	3. 동반자가 양육자반에서 훈련받을 수 있도록 도우십시오. 그리고 또 다른 충
	   성된 자를 훈련시키도록 권면하십시오. 《일대일 제자양육 성경 공부 양육
	   자 지침서》를 소개하십시오. 그리고 어떤 도움이든 아끼지 마십시오.

* 전체 소요 시간을 약 90분으로 한다.

* 구체적인 형편에 따라 융통성 있게 조정해 가면서 진행한다.

* 찬송가: 595장("나 맡은 본분은"), 331장("영광을 받으신 만유의 주여")

■ 이 과의 요점

1. 이 과의 목표는 사실 본 교재 전체의 목표임을 기억하라.
2. 이 과에서는 그리스도인의 사역을 잘 이해하기 위한 조건으로 성경적인 교회관, 평신도관, 은사관, 훈련관, 그리고 세계관을 집중적으로 살펴보고자 한다.
3. 동반자가 사역을 이해하고 사역에 참여하게 함으로써 열매 맺는 그리스도인이 되게 한다.

▌줄거리

1. 성경적인 교회관
   - 마태복음 4장 23절, 예수님이 지상에서 하신 세 가지 사역들
2. 성경적인 평신도관
3. 성경적인 은사관
4. 성경적인 훈련관
   - 평신도들이 훈련받아야 할 영역들(네 가지)
   - 효과적인 훈련을 위한 제안들(여섯 가지)
5. 성경적인 세계관

▌전체 줄거리에 대한 설명

하나님의 사역을 감당하기 위해서는 다음과 같은 이해와 준비가 필요하다.

(1) 하나님은 교회를 통해서 주의 나라를 이루어 가시기 때문에, 교회가 무엇을 해야 하는지를 알아야 한다. 또한 각 성도가 교회와의 관계에서 어떤 위치와 역할을 감당해야 하는지를 알아야 한다(교회관).

(2) 교회 안에서의 평신도의 위치와 역할을 이해해야 한다. 평신도는 섬김을 받는 자가 아니라 섬기는 사역자로서의 위치에 있다는 인식의 변화가 요청된다(평신도관).

(3) 사역을 하기 위해 하나님이 교회에 주신 여러 가지 은사들에 대해 이해하고, 그 은사들로 무장하는 것이 필요하다(은사관).

(4) 영적 무장을 할 뿐만 아니라, 은사 곧 영적 무기들을 잘 다룰 수 있도록 훈련을 받아야 한다. 훈련의 필요성을 알게 하고 구체적인 훈련을 받게 한다(훈련관).

(5) 훈련을 받은 성도들이 실제로 사역할 현장에 대한 이해가 없으면 실패하고 만다. 그러므로 사역의 현장인 이 세계를 바로 보고 여기에 대해 올바른 자세를 정립할 필요가 있다(세계관).

▌도입 말

당신은 사역에 참여해 본 적이 있는가? 있다면 어떤 사역이었는가? 혹시 사역은 특별한 그리스도인들, 예를 들면 목사나 선교사들의 몫이라고 생각한 적은 없는가? 우리가 그리스도께 부르심을 받고 그분의 뒤를 따르게 되면 그분의 사역에 동참해야 한다. 우리 모두는 작은 예수가 되어 우리가 사는 지역과 세계를 하나님의 나라로 만들기 위해 사람들을 돕고 섬기는 사역에 참여해야 하는 것이다. 이제 그리스도와 동행하는 삶의 마지막 표현인 사역에 대해 살펴보겠다.

▌교재 내용 연구

■ 머리글을 읽고 양육의 열매가 주님을 위한 사역으로 나타난다는 말에 대해 함께 생각해 보라.

■ 특히 "종교 개혁이 성경을 평신도들에게 돌려준 것이라고 한다면, 앞으로 올 영적 개혁은 사역을 평신도들에게 돌려주는 일이다"라는 말에 대해 어떻게 생각하는지 서로 나누어 보라.

[참고] 에베소서 4장 11-12절을 보면 하나님이 교회 안에 목사와 교사(랍비, 신학교 교수)를 세우신 목적에 관해 기록되어 있다. 그 목적은 평신도를 훈련시켜 그의 속사람을 온전하게 하고, 그로 하여금 봉사의 일, 곧 사역을 하게 함으로써, 궁극적으로는 주의 몸된 교회를 세워 나가시려는 것이다. 여기에서 평신도의 위치가 섬김 받는 자의 위치가 아니라 섬기는 사역자의 위치임을 알 수 있다.

*참고 성구

엡 4:11-12 ¹¹그가 어떤 사람은 사도로, 어떤 사람은 선지자로, 어떤 사람은 복음 전하는 자로, 어떤 사람은 목사와 교사로 삼으셨으니 ¹²이는 성도를 온전하게 하여 봉사의 일을 하게 하며 그리스도의 몸을 세우려 하심이라

1. 성경적인 교회관

■ 평신도와 교회의 관계에 대한 성경적인 표현은 어떻습니까(엡 2:20-22)?
평신도 자신이 바로 교회를 이루고 있다고 말한다. (그러므로 개인적인 이해관계에 따라 모이고 흩어지는 모습이 있어서는 안 된다. 주의 성전의 한 부분으로서의 자신을 알고 그 위치에 따른 역할을 감당해야 한다.)

• 바울은 건물을 비유로 하여 교회를 설명한다. 사도와 선지자는 기초요, 그리스도는 모퉁잇돌이요, 성도들 자신이 바로 교회의 건물을 구성하며 지어져 간다고 설명한다. 그리고 이 성전의 목적은 주께서 거하실 처소가 되는 데 있다고 말한다.
a. 기초: 사도와 선지자들의 교훈을 뜻하며, 그들의 인격이나 직책이 아니다.

b. 모퉁잇돌: 예수 그리스도로서, 지어져 가는 성전을 하나로 응집시키는 역할을 한다.

c. 성전을 구성하는 개별적인 돌들: 개개의 성도를 뜻한다. [참고] 벧전 2:4-5

■ 교회가 교회 되게 하는 기본 요소는?

(예배와 교제)

• 예배가 하나님께 드리는 수직적인 요소라면 교제는 성도 간에 이루어지는 수평적인 요소다.

■ 예수님의 지상 사역 세 가지는 무엇이며 이들은 각각 교회의 어떤 사명과 관계있습니까(마 4:23)?
(1) 가르치는 일(교육, 양육, 영적 무장)
(2) 전파하는 일(복음 전파, 해외 선교)
(3) 병과 약한 것을 고친 일(사회봉사, 사회참여)

• 이것들은 주님의 몸 된 교회가 해야 할 일이다. 뿐만 아니라 그 몸의 지체 된 성도가 해야 할 일인 것이다.

* 참고 성구

벧전 2:4-5 ⁴사람에게는 버린 바가 되었으나 하나님께는 택하심을 입은 보배로운 산 돌이신 예수께 나아가 ⁵너희도 산 돌같이 신령한 집으로 세워지고 예수 그리스도로 말미암아 하나님이 기쁘게 받으실 신령한 제사를 드릴 거룩한 제사장이 될지니라

2. 성경적인 평신도관

■ 평신도는 목회자들의 사역의 대상이 아닙니다. [참고] 엡 4:11-12. 여기에서 '봉사'란 말은 '사역'이란 말로 대체할 수 있다.

■ 평신도의 사역은 무엇입니까?
(1) 사람을 낚는 어부(마 4:19)
(2) 맛을 내는 소금(마 5:13)
(3) 세상을 비추는 등불(마 5:14)

• 세상 살맛 안 난다는 탄식 소리가 높다. 그리스도인이 세상 살맛이 나게 해야 한다.
• 세상은 어둠이라고 주님은 말씀하셨다. 어둠이 어둠을 내쫓을 수는 없다. 빛 되신

(4) 추수하는 일꾼(마 9:38)

(5) 이웃에게 필요한 것을 주는 자(겔 18:7)

하나님의 자녀인 그리스도인에게 어둠을 내쫓을 책임이 있다.
- 하나님은 이미 추수할 정도로 무르익게 해 놓으셨다. 우리는 가서 거두어야 한다.

* 참고 성구

엡 4:11-12 [11]그가 어떤 사람은 사도로, 어떤 사람은 선지자로, 어떤 사람은 복음 전하는 자로, 어떤 사람은 목사와 교사로 삼으셨으니 [12]이는 성도를 온전하게 하여 봉사의 일을 하게 하며 그리스도의 몸을 세우려 하심이라

겔 18:7 사람을 학대하지 아니하며 빚진 자의 저당물을 돌려주며 강탈하지 아니하며 주린 자에게 음식물을 주며 벗은 자에게 옷을 입히며

■ 도날드 맥가브란(Donald McGavran)의 말을 읽고 느낀 바를 서로 말해 보십시오.

■ 베드로전서 2장 4, 5, 9, 10절에 나타난 그리스도인의 명칭과 그 의미는 무엇입니까?

(1) 신령한 집(5절): 그리스도인의 몸은 성령이 거하시는 신령한 집이다.

[참고] 고전 3:16, 6:19
- 거룩하신 성령이 우리 안에 계신다는 사실을 알고 우리 몸을 세속에 물들지 않도록 지켜야 할 것이다.

(2) 택하신 족속(9절): 영적인 면에서 아브라함의 자손이요, 하나님이 택하신 백성이다.

[참고] 갈 3:7, 29
- 유대인들은 아브라함의 자손으로 하나님께 택하심을 받았다고 자랑했다. 그러나 신약 시대에 와서는 그리스도를 믿는 자들이 아브라함의 자손이요, 택하신 족속이다.
- 하나님의 선택을 받은 사실에 대한 감격을 서로 표현해 보자.

(3) 거룩한 제사장, 또는 왕 같은 제사장(5, 9절): 하나님께 직접 나아가 세상을 위해 중보 기도 하며 복음을 전파함으로써 사람들을 주께로 돌이키는 역할을 한다.

[참고] 출 19:6
- 왕과 제사장: 구약 시대에는 기름 부으심을 받은 자만이 왕이나 제사장이 될 수 있었으나 신약 시대에는 모든 성도가 이러한

특권을 누리게 되었다.
- 구약 시대에는 제사장만이 하나님의 지성소에 나아갈 수 있었으나, 이제는 예수께서 단 한 번으로 영원한 효력을 가지는 제사를 드리셨기 때문에, 누구나 하나님께 직접 나아갈 수 있게 되었다.

(4) 거룩한 나라(9절): 하나님을 섬기도록 구별된 나라가 되었다.	[참고] 출 19:6 - 이스라엘은 하나님을 섬기는 나라로 성별되었다. 그러나 불순종과 교만으로 인하여 그 직책이 박탈되고, 이제는 그리스도인에게 이 직책이 부여되었다. 이를 감당하기 위해서는 마음의 할례, 곧 회개가 요구된다.
(5) 하나님의 소유 된 백성(9절): 그리스도가 피로 값 주고 사셨으므로 그리스도인은 하나님의 소유가 되었다.	[참고] 출 19:5 - 그리스도인의 주인은 더 이상 자기 자신이 아니다. 오직 주님이시다. - 이와 같은 특권은 주님의 은혜로 주어졌고 은혜에는 주님 앞에서의 책임이 따른다. - 이러한 다섯 가지 명칭과 의미 중에서 마음에 특별히 와닿는 것을 서로 말해 보라. 그리고 그 이유를 들어 보라.

* 참고 성구

고전 3:16 너희는 너희가 하나님의 성전인 것과 하나님의 성령이 너희 안에 계시는 것을 알지 못하느냐

고전 6:19 너희 몸은 너희가 하나님께로부터 받은 바 너희 가운데 계신 성령의 전인 줄을 알지 못하느냐 너희는 너희 자신의 것이 아니라

갈 3:7 그런즉 믿음으로 말미암은 자들은 아브라함의 자손인 줄 알지어다

갈 3:29 너희가 그리스도의 것이면 곧 아브라함의 자손이요 약속대로 유업을 이을 자니라

출 19:6 너희가 내게 대하여 제사장 나라가 되며 거룩한 백성이 되리라 너는 이 말을 이스라엘 자손에게 전할지니라

출 19:5 세계가 다 내게 속하였나니 너희가 내 말을 잘 듣고 내 언약을 지키면 너희는 모든 민족

중에서 내 소유가 되겠고

3. 성경적인 은사관

■ 첫 부분의 글은 은사를 관리하는 바른 자세가 무엇인지를 세 가지로 말하고 있다. 그것을 구체적으로 지적해 보고, 자신에게 부족한 점이 있다면 서로 말해 보라.

■ 로마서 12장 6-8절의 일곱 가지 은사

(1) 예언하는 자: 신약 시대의 선지자가 여기에 해당된다. 하나님의 말씀으로 경고, 권면, 교훈, 판단하는 역할을 한다.

• 예언은 앞일에 대해 '점치는 것'이 아니라 하나님의 말씀을 받아 대신 말하는 것이다.
• 예언은 '믿음의 분수(분량)'에 따라 해야 한다. 즉 주님이 주신 만큼 말해야 하며 더하거나 감해서는 안 된다.

(2) 섬기는 자: 집사가 이에 해당된다. 예언을 제하고는 거의 모든 일을 했다. 즉 구제와 봉사, 기타 교회의 여러 살림살이를 맡는다.

• 집사가 하는 일: 구제, 말씀으로 섬기는 일 (행 6:4), 일반적인 일

(3) 가르치는 자: 교사가 이에 해당된다. 교회 안에서 성경과 교회 생활을 가르친다.

[참고] 에베소서 4장 11절의 '목사와 교사'에 대해서: 이것은 목사는 동시에 교사로서의 역할을 한다는 것을 말한다. 존 칼빈은 교사가 오늘날의 신학교 교수에 해당된다고 보았다.

(4) 위로하는 자: 믿음이 약한 형제나 시험에 든 자를 돌아보고 격려하는 은사다.

• 한국 교회의 권사의 직분이 여기에 해당한다.

(5) 구제하는 자: 물질적으로 다른 사람의 필요를 채워 주는 역할을 한다.

• 구제는 '성실함으로' 하라고 말한다. 이것은 무슨 부차적인 목적이 없이 순수하게, 그리고 후하게 주라는 뜻이다.

(6) 다스리는 자: 문자적으로는 '앞에 선 자'라는 뜻으로, 교인들의 영적 상태를 살피고 감독하는 사람이다.

• 목사나 장로직이 여기에 해당된다. 이들로 구성된 당회를 치리 기관이라고도 한다.

(7) 긍휼을 베푸는 자: 어려움에 처한 자들을 도와주는 일을 한다.

• 이 일은 '즐거움으로' 하라고 말한다. 억지로 하는 것은 오히려 상대방에게 고통을 줄 수 있기 때문이다. 긍휼을 베푸는 것이 의무는 아니나 주님이 나에게 베푸신 긍휼에 감사해서 적극적으로 해야 한다.

■ 고린도전서 12장 8-11절에 나타난 은사들: 지혜의 말씀, 지식의 말씀, 믿음, 병 고치는 은사, 능력 행함, 예언, 영 분별, 방언 말함, 방언 통역(아홉 가지 능력 혹은 활동)

■ 에베소서 4장 11절에 나타난 은사들: 사도, 선지자, 복음 전하는 자, 목사, 교사(다섯 가지 직책)

* 참고 성구
행 6:4 우리는 오로지 기도하는 일과 말씀 사역에 힘쓰리라 하니

4. 성경적인 훈련관

■ 교회의 사역이 효과적이기 위해서는 은사를 받은 사역자들을 훈련시켜야 합니다.

• 훈련을 받지 않는 자는 사역을 하다가 쉽게 영적 침체에 빠질 수 있다. 그리스도인의 사역은 영적 전쟁이다. 훈련받지 않은 군사는 오합지졸이다!
• 참고 도서: 로버트 콜먼, 《주님의 전도 계획》(생명의말씀사, 2007)

■ 예수님은 제자들을 어떻게 훈련하셨습니까(막 3:13-15)?
이것을 교회에 어떻게 적용할 수 있겠습니까?
(1) 부르시고 택하심: 훈련받고자 하는 사람들을 일정한 기준에 따라 선발한다(선발의 원리).
(2) 자기와 함께 있게 하심: 함께 지내며 집중적으로 훈련시킨다(동거의 원리, 혹은 공동체 훈련).
(3) 보내사 전도하게 하심: 훈련을 하는 과

• 온누리교회에서는 헌신자 학교를 두어 일정 기준에 따라 선발한 사람들을 일정한 기간 동안 함께 생활하게 하면서 집중적으로 훈련을 시킨다. 또한 구체적인 사역의 현장과 해외에도 파견하여 보고 느끼게 하며, 선교의 필요성을 절감하도록 한다.

정 속에서, 혹은 훈련을 마친 후 사역 현장
으로 파송하는 단계

■ 효과적인 훈련을 위한 제안들을 읽고, 자신에게 비추어 보아 잘하고 있는 점과 부족한 점을
서로 말해 보라.

5. 성경적인 세계관

■ 훈련받은 평신도들의 사역 현장은 '내 교
회, 내 나라'라는 좁은 울타리로 제한되어
서는 안 된다. 우리의 사역지는 전 세계다.

• 참고 도서: 허버트 케인, 《세계를 품은 그리
스도인 왜 되어야 하는가》(죠이선교회, 1990)
• 감리교의 창시자 존 웨슬리(John Wesley,
1703-1791)는 이미 18세기에 "세계는 나의
교구다"라는 표어를 내걸고 사역했다.

(1) 예수님은 제자들을 어떻게 하겠다고
하셨습니까(요 17:18, 20:21)?
- 세상으로 보낸다고 하셨다.
- 사도행전 8장 4절의 평신도들의 사역:
예루살렘을 떠나 두루 다니며 복음을
전했다.

(2) 바울은 어디서 복음을 전했습니까
(행 17:7)?
- 바울은 회당이든 시장이든 날마다 만
나는 사람들에게 복음을 전했다.

[참고] 딤후 4:2, "너는 말씀을 전파하라 때를 얻든지
못 얻든지 항상 힘쓰라."

(3) 마지막으로 예수님은 제자들을 떠나면
서 어떤 약속을 하셨습니까(행 1:8)?
- 성령이 임하시면 제자들이 능력을 받
아 예루살렘과 온 유대와 사마리아와
땅끝까지 이르러 주님의 증인이 되리
라고 하셨다.

(4) 성령은 바나바와 바울을 어떻게 하셨습니까(행 13:2-3)?
   - 그들을 이방인의 선교사로 세워 파송하게 하셨다.

- 성령은 교회가 시작되고 전도(혹은 선교)가 진행되는 모든 과정을 주관하신다. 뿐만 아니라 사역자들을 선택하시고 임명하신다.
- 전도의 사역을 위해서 어떤 실제적인 노력을 하고 있는지 서로 말해 보자.

* 참고 성구

행 1:8 오직 성령이 너희에게 임하시면 너희가 권능을 받고 예루살렘과 온 유대와 사마리아와 땅끝까지 이르러 내 증인이 되리라 하시니라

▌참고 도서

한홍, 《거인들의 발자국》(비전과리더십, 2004)
존 맥스웰, 《열매 맺는 지도자》(두란노, 2005)

부록

일대일 양육자 숙지 사항

1. 동반자 연결

일대일양육사역팀에서 동반자의 인적 사항을 전달받으면 일대일 입학 예배 전에 반드시 만나서 교제하고 함께 입학 예배에 참여해 주십시오. 많은 분이 예배 시작 때까지 얼굴을 몰라 찾느라 방황하거나, 양육자의 연락을 전혀 받지 못했거나, 양육자의 불참으로 동반자에게 큰 실망을 드리는 경우가 있습니다.

2. 양육 기간

일대일 양육 과정은 새 등록 교우의 기본 과정 종료 후 동반자가 교회의 다른 프로그램에 참여할 수 있도록, 교재에 충실하여 6개월 이내에 양육이 완료될 수 있도록 당부드립니다.

3. 일대일 양육 과제 점검표

일대일 양육 과제 점검표는 동반자가 스스로 작성하도록 전달해 주시고 매주 기록을 확인해 주십시오. 용지는 "부록 2"와 같으며 교회 사무국이나 일대일 안내 데스크에 비치되어 있습니다.

4. 양육 완료

양육 완료 후 일주일 이내에 간증문(A4 용지 2매 정도)을 동반자로부터 받아 일대일 양육 과제 점검표와 함께 교회 사무국 담당 간사 또는 일대일 안내 데스크에 제출해 주시길 바랍니다. 제출된 간증문을 근거로 수료증의 발급과 다음 교육 과정에 대한 안내도 이루어집니다. 간증문 작성 요령은 "부록 3"을 참조해 주십시오. 아울러 동반자의 은사 발견을 통해 교회의 지체로 봉사할 수 있도록 일대일양육사역팀으로 알려 주십시오.

5. 기도 지원 및 상담 신청서 활용

양육 도중 양육자나 동반자에게 발생한 어려운 문제로 교역자나 교회의 중보 기도 지원을 요청할 경우는 안내 데스크의 문서함에 비치된 "부록 4" 양식을 활용해 주시면 기도와 아울러 필요한 조치를 해 드리겠습니다. 또한 양육 도중 양육자가 답변하기 어려웠던 질문이나 난감한 상황이 발생했을 경우, 그 내용을 상기 양식에 기술해 주시면 교역자의 직접 면담이나 전화 또는 서면으로 도와 드리겠습니다.

일대일 양육자반 과정 일정표

주차	교과 내용	과제			비고
		성경 읽기	성구 암송	참고 도서 읽기	
1주	오리엔테이션	눅 1-3장, 히 1-3장			키 그림 설명
2주	예수1, 예수는 어떤 분입니까?	막 1-7장	마 28:19-20		
	예수2. 예수는 어떤 일을 했습니까?	고전 15장, 계 1-6장			
3주	예수3. 예수는 지금 무엇을 하고 있습니까?	막 8-14장	갈 2:20, 요 15:5		
	예수4. 예수를 믿으십시오	마 1-7장			
4주	큐티의 이론과 실제	시 1, 5, 119편		《큐티하면 행복합니다》	
5주	구원의 확신	요 1-7장	요 5:24 요일 5:13,		
6주	양육 실습(1) 예수4. 예수를 믿으십시오				신앙 고백서 제출
7주	하나님의 속성	요 8-14장	대상 29:11-12, 시 36:5-6	《제자도》 2장	
8주	성경	요 15-21장	딤후 3:16, 벧전 2:2	《제자도》 7장	
9주	기도	빌립보서	요 15:7, 빌 4:6-7	《제자도》 6장	
10주	교제	요한일·이·삼서, 유다서	롬 12:4-5, 요 13:34-35	《제자도》 3장	
11주	전도	에베소서	롬 1:16, 벧전 3:15	《제자도》 9-10장	《사영리》 교육 전도실습
12주	양육 실습(2) 구원의 확신			《사도행전적 교회를 꿈꾼다》	
13주	성령 충만한 삶	야고보서	엡 5:18, 갈 5:22-23	《제자도》 5장	《사영리》 교육 전도 실습
14주	시험을 이기는 삶	골로새서	고전 10:13, 약 1:14-15	《제자도》 8장	
15주	순종하는 삶	베드로전후서	롬 12:1, 눅 9:23	《제자도》 11장	간증문 제출
16주	사역하는 삶	디모데전후서	벧전 2:9, 고전 3:9	《제자도》 4장	
17주	이 훈련을 마치신 분께: 일대일 양육 방법				종강 오티
주의 사항	1. 위 과제는 매 과를 마친 후에 내 준다. 2. 교과 진도에 매이지 말고 상황에 맞게 진행한다. 3. 성경 암송은 강요하지 말고 권장하되 격려를 아끼지 않는다. 4. 매 시간은 90분으로 하되 상황에 따라 적절하게 조정한다. 　큐티: 이미 훈련된 경우는 한 단원을 마친 후부터 가르친다. 큐티를 나눈다. 　전도:《사영리》를 교육시키고, 실제로 함께 전도 활동을 한다. 5. 마지막 시간에는 양육자 지침서를 활용하여 일대일 양육 방법을 교육하고, 간증문을 내게 한다.				

일대일 양육 간증문 작성 요령

값없이 주신 하나님의 은혜로
우리는 하나님의 자녀가 되었습니다.
일대일 제자양육 성경 공부는 제자의 삶을 살도록 도와주며,
일대일 간증은 성숙한 신앙적 삶을 추구하는
많은 그리스도인에게 큰 감동과 도전을 줄 것입니다.

1. 일대일 간증이란?

신앙생활은 간증의 연속이다. 하나님의 자녀로 입문하는 구원 간증, 구원받은 성도들의 삶을 통한 체험적 간증 등.

　일대일 간증은 구원의 확신을 이미 가지고 있는 자들이 일대일을 통해 양육자, 동반자 모두가 경험하는 변화의 과정, 헌신에 대한 결단, 더 나은 삶에 대한 도전과 기쁨을 나누는 데 의미가 있으며 양육 중에 정리되는 수도 있다.

2. 일대일 간증문 쓰는 방법

일대일 간증문을 쓰기 위해서는 일대일을 통해서 얻게 된 신앙의 재확인과 변화와 결심이 분명한 것을 원칙으로 하며, A4 용지 2매 정도(200자 원고지 5-7매)의 분량으로 작성한다. 그 내용의 구성은

1) 일대일 양육(동반) 전의 삶의 모습(1/4)
2) 일대일 양육(동반)을 받게 된 사실과 과정(1/4)
3) 주님에 대해 새롭게 되거나 변화된 신앙 고백(1/4)
4) 일대일 양육(동반)이 준 의미나 그 이후의 삶(1/4)으로 요약하여 정리한다.

3. 일대일 간증문 작성 시 유의 사항

1) 일대일 성경 공부에 대한 주제를 핵심으로 한다.
2) 신앙생활의 시작과 교회생활을 너무 막연하게 늘어놓지 않는다.
3) 구체적으로 쓴다.
4) 초점을 그리스도께 맞추고 양육자의 이름을 쓰지 않는다.
5) 목사님의 설교나 특별 집회에 대한 은혜 내용을 너무 길게 쓰지 않는다.
6) 변화를 기대한 삶에 대해 지속적으로 기도하며 쓴다.

4. 일대일 간증의 예

1) 일대일 양육(동반) 전의 신앙과 삶

"교회를 옮겨 온누리교회의 높은 문턱(?)인 7주 과정을 마치고 등록하여, 일대일 양육을 받기까지 1년 6개월의 긴 시간이 걸렸다. 온누리교회의 등록 교인이라면 누구나 받는 일대일 동반자 과정은 나를 몹시 갈등하게 하는 부분이었다. 그것은 교육을 받을 만큼 받은 내게는 자존심의 문제였을 뿐만 아니라 시간 낭비라 여겨졌기 때문이다. 이 얼마나 건방지고 교만한 생각들인가. 꼭 받아야 된다니 하긴 하는데, 그렇다면 '누구에게 지도받을 것인가?'가 또 걱정이었다. 교회 권사인 시누이에게 부탁해 '존경할 만한 양육자를 붙여 달라고 해 볼까?' 하는 생각도 들었다. 이 얼마나 인간적이고 한심한 내 모습인지….

누구 못지않은 오랜 신앙생활과 많은 훈련의 결과 속에서도 고작 이런 생각밖에 못하는 내 일그러진 형상은 일대일 공부를 해 가는 과정과 양육자의 섬기는 모습 속에서 하나씩 하나씩 깨어지기 시작했다."

2) 일대일 양육(동반)을 받게 된 사실과 과정

"일대일 양육을 받으면서 참으로 그리스도 안에서의 삶이 영생이라는 것과 이 세상은 잠깐이요, 내게 있는 고통은 아무것도 아니라는 분명한 확신이 생겼다. 그리고 넘쳐 나는 기쁨과 희망은 무어라 표현할 수 없을 정도로 벅찼다.

양육자 권사님이 많은 가르침과 사랑으로 나를 확실하게 도와주셨다. 책을 사 주시고, 좋은 테이프를 구해 주시고, 점심을 대접해 주면서까지 한 말씀이라도 더 전해 주려고 애쓰시는 모습에서 큰 감사와 감동을 받았다. 양육자 권사님은 계단을 내려갈 때도 내가 넘어질까 봐 손을 꼭 붙잡고 내려가신다. 사랑은 마음에서 우러나야 남에게 베풀 수 있는데, 이 사랑이 어디서 나오며, 무엇 때문에 이 사랑을 내게 주시는지….

나는 그것이 곧 예수님의 사랑이라는 것을 알게 되었다. 이런 사랑을 받다 보니, 정신건강의학과 약을 늘 먹으며 달래던 우울증을 약에 의존하지 말고 하나님께 매달려야겠다는 생각이 들었다. 당장 보름치의 약을 버리고 오직 하나님 사랑을 간구했다. 일대일 공부의 한 부분을 펴 놓고 묵상하고 거기에 있는 말씀을 마음에 새겼다. 영생의 확신이 있기 때문에 아무 두려움이 없었고 나는 평강을 경험했다."

3) 일대일 양육을 받은 후의 나의 신앙 고백

"이전에는 막연하게 '주님은 사랑이시다'라고 생각했고, 주님의 능력이 내 삶에 실제로 역사하리라고는 생각하지 못했다. 그러나 이제는 주님은 바로 나를 사랑하시는 분임을 믿게 되었고 내 삶 속에서 나와 함께 역사하고 계시는 분임을 확신할 수 있게 되었다."

4) 일대일 양육(동반)이 준 의미나 그 이후의 삶

"일대일 양육을 받으며 내게 온 제일 큰 변화는 하나님과의 교제 시간이 생겼다는 것이다. 전에는 오디션이나 연주, 콩쿠르 대회 때 급히 찾던 하나님을 정규적으로 만났다. 큐티라는 것을 하게 되었고 말씀을 통독 스케줄에 따라 읽기 시작했다. 과정, 과정을 배울 때마다 '내가 이렇게 모르고 있었구나' 하는 생각에 모태 신앙 경력을 믿고 있었던 나 자신이 부끄러웠다.

또 하나의 변화는 일대일 키 그림의 '그리스도 중심의 삶'을 생활 부분, 부분에 적용하는 일이다. 지도하는 레슨 학생들과 음악인들과의 만남에서 나는 대화의 중심을 예수께로 돌리며 내 안의 그리스도를 나타낼 수 있게 되었다. 이제 하나님이 주신 음악과 언어의 은사들을 통해 평신도로서 하나님의 사역에 동참하여 하나님 나라를 이루어 갈 것이다."

기도 지원 및 상담 신청서

양육자 성명:	연락처:
동반자 성명:	연락처:

구분	기도 지원을 요청합니다. ( ) 교역자의 상담이나 도움을 요청합니다. ( )

내용(가급적 육하원칙을 적용하여 기록하십시오.)

신청 일자   년   월   일

신청인

일대일 양육자 개인 기록부

인적 사항

성명(한문)			성별	남 · 여
주민등록번호				
주거지	현주소			
	전화		휴대전화	
근무처	직장명			
	직책			
	전화		FAX	
E-mail				
학력	대학원졸, 대졸, 고졸, 기타			
가족 사항	배우자(유 · 무), 자녀 남( ) · 여( )		미혼	

신앙 경력

입교/세례일자		교회		주례 목사	
_____교회 등록일자					
교회 봉사 경력	직분	활동 부서		직책	기간
타 교회 혹은 선교 단체					–
					–
					–
					–
_____교회					–
					–
					–
					–

일대일양육사역팀

208

신앙 경력(타 교회, 선교 단체 포함)

과정	지도자	기간	내용	비고
일대일 동반자 과정				
일대일 양육자 과정				
일대일 양육자 스쿨				

일대일 양육 사례 보고서

일대일 양육 사례 보고서는 다른 양육자들이 동반자를 섬기는 데 실제적인 도움을 받기 위한 것입니다. 각양의 영적 상태를 지닌 다양한 동반자들을 적절히 섬기기 위해서는 여러분의 경험에서 나온 지혜가 필요합니다. 성실하고 자세한 기록을 바랍니다. 지면이 더 필요하면 다음의 양식에 준해서 다른 지면을 추가하셔도 무방합니다.

양육자명		양육 기간	
동반자명			

동반자의 처음 영적 상태는 어떠했습니까?

양육하면서 어려웠던 점이나 문제점은 무엇이었습니까?

문제점을 극복하기 위해서 어떻게 대처했습니까?

그 결과는 어떠합니까?

기타 알리고 싶은 사항이 있다면 적어 주십시오.

교재 보완을 위한 의견서

본《일대일 제자양육 성경 공부 양육자 지침서》는 양육자 여러분의 소중한 양육 경험을 반영하여 보다 실제적으로 양육에 도움이 되는 교재로 다듬어지기를 원합니다. 활용하시면서 보완이 필요하다고 생각되는 부분이나 성공담, 실패담 등의 예화를 각 과별로 기록하여 일대일 양육사역팀에 제출해 주시면 일대일 제자양육 사역에 큰 도움이 될 것입니다.

제출자명		소속 부서		제출일	20 . . .